PARAÍSOS DE LA NATURALEZA

ANDALUCÍA I

COLECCION DIRIGIDA POR
FEDERICO PUIGDEVALL

EDITORIAL
© 1998 EDICIONES RUEDA, J.M., S.A.
Los Mesejo, 11
28007 - MADRID

REALIZACIÓN EDITORIAL
Idea Equipo Editorial

DIRECTOR
Federico Puigdevall

TEXTOS
© Mercedes Martín Luengo

FOTOGRAFÍAS
© Albert Cañagueral
© Antonio Suárez

COORDINACIÓN
Nuria Claver
Rosario Ros

DOCUMENTACIÓN
Mar Cano

ILUSTRACIONES
David Menéndez

MAPAS
Salvador Prior

DISEÑO Y MAQUETACIÓN
Di Crea creaciones gráficas

FOTOMECÁNICA
Punto Sur

IMPRESIÓN Y ENCUADERNACIÓN
Graficromo S.A.

PAPEL
Couché, 180 grs.

I.S.B.N. de la Colección Paraísos de la Naturaleza: 84-95060-96-5
I.S.B.N. del Volumen Andalucía I: 84-95060-93-0
Depósito Legal: CO-982-1998.

PARAÍSOS DE LA NATURALEZA

ANDALUCÍA I

EDICIONES RUEDA J.M. S.A.

ANDALUCIA I

La Comunidad Autónoma de mayor extensión de España nos ofrece una gran variedad de paisajes y muchos lugares donde la naturaleza se conserva en un estado privilegiado. Este patrimonio natural de singular importancia en unos casos se ha mantenido como consecuencia de la preocupación y cuidado de los propietarios de las fincas; en otros, gracias a la abundancia cinegética en los montes; a veces simplemente por su inaccesibilidad. Tanta es la riqueza natural de Andalucía que necesitaremos dos volúmenes para mostrar lo más representativo.

En las siguientes páginas les ofreceremos montañas que conservan sus bosques originales. Zonas resecas por la ausencia del agua y vergeles regados por los ríos. La presencia del Guadalquivir será casi constante, pero junto a él otros cauces: Jándula, Odiel, Yeguas, Guadalmedina... Costas con acantilados sobre el Mediterráneo como las del Cabo de Gata y suaves marismas sobre el Atlántico.

Precisamente una de ellas es la estrella indiscutible no sólo de este libro, sino de la totalidad de los espacios protegidos españoles. Nos referimos a Doñana. Un espacio declarado Patrimonio de la Humanidad y que a lo largo de los siglos ha preservado su fauna y su flora.

Estamos en la tierra del olivo y la encina, de las dehesas, los toros y el cerdo ibérico, pero también de flamencos, lobos, linces, águilas y buitres que nos recuerdan un tiempo en que ellos fueron los auténticos señores de esta península que llamamos Ibérica.

En la página contigua, arriba, a la izquierda, la silueta del cabo de Gata, en Almería. A su lado las tierras semidesérticas de la Sierra de Baza. Debajo, izquierda, el embalse de Encinarejo en Andújar y a la derecha, los prados y dehesas de los Alcornocales. En la parte inferior izquierda, ese singular refugio de aves que es Doñana. A la derecha, los alcornocales de Aracena. En esta página, arriba, los repoblados Montes de Málaga. En el centro izquierda, Sierra Cardeña y derecha, Marismas del Odiel. Abajo, vegetación de la Bahía de Cádiz.

Parque Natural Bahía de Cádiz

El Parque Natural Bahía de Cádiz es una joya biológica en medio de un entorno hostil y amenazante que ha prosperado impetuoso y ajeno a sus riquezas hasta ayer mismo. Este particular mosaico de esteros, caños, pinares, fragmentos de marisma virgen y playas de dunas sobrevive milagrosamente de espaldas a un poderoso cinturón industrial, hostigado por la efervescencia de un ramillete de núcleos urbanos de apretada población. Su complejo universo ecológico palpita a la sombra de la entrañable ciudad de Cádiz, esa «tacita de plata» que el mar ya se ha tragado dos veces, inmerso en una atmósfera de marcado talante metropolitano. Crisol de razas y culturas, ha conseguido resistirse a los embates del hombre y del tiempo tras milenios de intensa ocupación. Hace tres mil años que la mítica Tartessos, la civilización más rancia de occidente, daba calurosa bienvenida al forastero recostada sobre la desembocadura del Guadalquivir. Los protagonistas de aquella cultura paradisíaca explotaban las salinas y las minas de su valle abierto al encuentro de dos mares; ostentaban fama y renombre en la antigüedad como orfebres consagrados; adoraban a la luna e incluso cuentan que en el colmo de la delicadeza se regían por leyes escritas en verso. Hasta los contornos de su litoral se llegaron desde oriente los fenicios y con el efusivo consentimiento de sus gentes instalaron allí la colonia comercial de Gades, precedente milenario de la actual capital gaditana. Paralela-

Una zona húmeda de gran valor natural que ha logrado sobrevivir rodeada por ciudades como Cádiz, El Puerto de Santa María, San Fernando y Cádiz.

DATOS DE INTERÉS

Denominación: Bahía de Cádiz.

Clasificación: Parque Natural.

Situación: En la costa occidental gaditana coincidiendo con la Bahía de Cádiz.

Superficie: 10.000 hectáreas. Tiene dos zonas de protección especial en su interior clasificadas como Parajes Naturales: Isla de Trocadero 525 hectáreas y Marismas de Sancti-Petri 170 hectáreas.

Límites: Términos municipales de Cádiz, El Puerto de Sta. María, San Fernando, Puerto Real y Chiclana.

Especies animales más comunes:
Gaviota cabecinegra, enana, reidora, sombría y argéntea. Charrán patinegro, común. Alcatraz, Pardela cenicienta, Ánade silbón, Pato cuchara, Zampullín chico, Cormorán grande y moñudo, Garcilla bueyera, Garza real e imperial. Chorlitejo chico, grande, patinegro y gris. Aguja colinegra, Cigüeña negra y blanca, Espátula, Aguilucho cenizo y lagunero, Anguilas, Martín pescador, Flamenco.

Especies vegetales más comunes:
Armeria gaditana, *Zoostera noltii*. Algas: *Enteromorpha linza, Ulva lactuca* y *Codium tomentosum, Spartina marítima,* Retarna monosperma, *Juncus maritimus, Pinus pinea,* Linaria tursica.

Características que lo hacen especial:
Grado de antropización muy elevado.
Zona húmeda de gran valor natural y paisajístico
ZEPA.

Organismo o entidad responsable de su gestión:
Consejería de Medio Ambiente. Junta de Andalucía.

Equipo humano que trabaja en él:
1 director-conservador.
Técnicos en temas de conservación, cubierta vegetal, uso público y administración que completan su labor con personal para trabajos de campo.
Agentes de medio ambiente.
Unidad náutica de vigilancia y control.

Acceso: Libre. Las zonas de nivel A, Paraje Natural, requieren un permiso especial.

mente intimaron con griegos y cretenses a través de su fecundo comercio, pero los cartagineses trajeron ya aires de conquista y pusieron fin a estos jugosos intercambios culturales. Nada más llegar, los romanos quedaron prendados de las sublimes bailarinas de Gades. Pertrechadas con sus crótalos de bronce erán solicitadas en Roma no sólo para encandilar a los patricios en sus bacanales íntimas sino también para poner el broche de oro en sus actos solemnes. En el año 711 Tariq y Muza cruzan el Estrecho de Gibraltar al frente de sus huestes y se enzarzan en la batalla del Guadalete con los ejércitos cristianos del rey don Rodrigo. El imperio de la media luna sale victorioso de este desencuentro y los musulmanes se instalan en la península durante ocho largos siglos. Andalucía se convierte en la cuna de su brillante civilización. La ofensiva cristiana gana terreno lentamente y entre los siglos XIII y XIV consigue arrebatar al infiel la costa gaditana.
La seductora fisonomía del Parque Natural Bahía de Cádiz descansa con sus diez mil hectáreas en el mismo epicentro de la Baja Andalu-

En algunas zonas la presión de las urbanizaciones turísticas es muy acentuada. La vegetación está muy marcada por la salinización que provocan las aguas del mar.

cía; se comba fielmente al perímetro costero del saco interior de la Bahía de Cádiz. El Puerto de Santa María, Puerto Real, San Fernando, Cádiz y Chiclana de la Frontera le han cedido parte de sus términos municipales para que se instalara de cara al Atlántico en calidad de espacio protegido desde el año 1989. Además, alberga en sus húmedas entrañas dos zonas de protección especial catalogadas como Parajes Naturales: la Isla del Trocadero, con quinientas veinticinco hectáreas de superficie, y las marismas de Sancti Petri que abarcan otras ciento setenta hectáreas. Ambos santuarios tienen el acceso restringido y requieren la obtención de un permiso para su degustación en regla. Pero además luce en su solapa importantes condecoraciones. Es la primera área de España en reproducción de aves laro-limícolas, donde la avoceta, el chorlitejo patinegro, el chorlitejo grande, la cigüeñuela, la canastera y el charancito acaparan el trece por ciento de la población nacional que despierta a la vida, es además el tercer núcleo reproductor de la espátula en la península. Ha sido catalogada como Humedal de Importancia Internacional bajo los auspicios del Convenio de Ramsar y Zona de Especial Protección para las Aves. Este rango se logra cuando la concentración de alados alcanza el uno por ciento de su dotación mundial y el Parque congrega a más de treinta mil ejemplares de la invernada atlántico-oriental. Siete especies cumplen con creces esta condición: la avoceta, la cigüeñuela, la espátula, el chorlitejo grande y el chorlitejo patinegro, la aguja colinegra y el archibebe común. La Facultad de Ciencias del Mar de la Universidad de Cádiz ha

registrado más de sesenta y cinco mil individuos de una misma especie tras el paso post-nupcial de ciertas aves. A ellos se suman generosas bandadas de cormoranes moñudos, flamencos, ostreros, águilas pescadoras, colonias de láridas y ardeídas variadas, y un censo de avistamiento de más de doscientas especies ornitológicas. Bajo la superficie salada que baña sus costas también hierve la vida con la riqueza y variedad de unos recursos pesqueros y marisqueros que han marcado a fuego la cultura, las tradiciones, las costumbres y la historia de sus

En las zonas de ext[illegible] arenosa aparecen comunidades vegetales del tipo de los [illegible] halófilos que contribuyen a fijar los suelos

gentes. El saco interno de esta bahía aloja hasta cuarenta y ocho especies diferentes de peces teleóstomos, es decir, con esqueleto. Su inconmensurable densidad de reproducción convierte esta zona de alevinaje en un auténtico jardín de infancia marino. Sólo en el río San Pedro se han contabilizado hasta veinticinco mil alevines diarios que entran desde mar abierto hasta sus marismas y salinas para nutrirse y crecer.

El río Guadalete, que hace millones de años hacía gala de un temperamento torrencial, excavó en la costa un amplio estuario y en compañía del océano Atlántico protagonizó el proceso geológico que dio origen a la bahía. Su serpenteante cauce atraviesa toda la superficie de marismas y salinas en compañía del río San Pedro, el caño de Sancti-Petri, médula espinal de las salinas gaditanas, el de la Merced, el del Águila o el Chico de Puerto Real que componen su generosa red hidrográfica. La acción erosiva de esta red fluvial y del intenso oleaje que sacude su litoral forjó sus playas, arenales y dunas. La contra-flecha litoral de Sancti Petri, en la margen izquierda de la desembocadura del caño que lleva su nombre, y la cola de cometa de Cádiz componen este singular edificio de arena que enmarca el golfo gaditano por el sur. Por el norte, las barras arenosas de Valdelagrana, desarrolladas en dirección N-S entre los estuarios del Guadalete y el río San Pedro de Puerto Real, consiguieron extenderse en dirección NE-SO a lo largo de la margen izquierda de este último. Desde Puerto Real y El Puerto de Santa María se proyectan hacia la isla de Cádiz y dividen la bahía en dos grandes lóbulos comunicados por el estrecho de Puntales. De clima templado y escasas precipitaciones, no conoce los rigores del invierno y recibe la visita veraniega tanto de los vientos frescos y húmedos de levante como de los cálidos y secos de poniente que llegan del norte de África. La incesante presión humana a la que ha sido sometido este paraje ha transfigurado radicalmente su paisaje. En ese rostro de extensas planicies que hoy nos brinda destacan aprovechamientos tradicionales ligados al mar en forma de salinas y esteros, junto con zonas arboladas relativamente grandes en otro tiempo explotadas forestalmente. Pese a sus

atributos paisajísticos y ecológicos, la mayor parte de los visitantes que se llegan hasta aquí vienen atraídos por la exuberancia de sus playas de fina arena o por el patrimonio arquitectónico y cultural de los núcleos de población que le circundan. Frente a enormes complejos industriales y zonas turísticas claramente enfocadas hacia la playa, padece sin pestañear el acoso de las tensiones urbanísticas en sus bordes. Su dinámica está intimamente relacionada con el entorno metropolitano, y lo aboca a un uso público de carácter recreativo-educativo.

Sobre la costa suroeste gaditana se recuesta este laberinto de ecosistemas de transición marítimo-terrestre que se intercalan en armoniosa camaradería. El caño de Sancti-Petri, vena maestra que surca el Parque y en donde en el pasado la captura de atún dio vida a una floreciente industria conservera en Chiclana de la Frontera, evacúa sus aguas hacia la Bahía de Cádiz y hacia el bravo Atlántico. Cuando la marea crece es posible remontar su curso desde el Club Náutico de Sancti-Petri en Chiclana de la Frontera a lo largo de unos dieciocho kilómetros. Al poco de emprender la ruta aparece por su margen derecha todo el esplendor del Paraje Natural de la marisma de Santi-Petri. A continuación nos cautiva con la visión laberíntica de los numerosos caños secundarios que reciben ansiosos sus aguas y la inmensidad de las salinas que salen al paso. El dinamismo salinero de antaño es sólo un recuerdo que se perpetua en los innumerables edificios en ruinas que salpican su geografía salada. Hoy sólo quedan cinco salinas en plena actividad. En el térmi-

En las zonas de ambiente marino abundan las aves. Las gaviotas cabecinegras, enanas, reidoras, sombrías y argénteas están presentes durante todo el año.

no municipal de El Puerto de Santa María se encuentra la más poderosa de todas ellas, con cuatrocientas hectáreas de extensión. Responde al nombre de La Tapa y Marivélez y cuando se encuentra en época de extracción deleita al visitante con inmensos cristalizadores cubiertos de infinitas capas de impoluta blancura o empapados de aguas rojas a punto de cuajar. Desde la punta del Boquerón, extremo de la barra arenosa que cierra parcialmente el caño de Sancti-Petri, se divisa una bella panorámica del castillo de Sancti-Petri. Se asienta rotundo sobre un islote y cuando la marea está alta parece emerger del mar, aunque en bajamar es posible acceder a sus muros pétreos a través de una lengua de arena. Otro de sus secretos es el maravilloso pinar de La Algaida, una masa forestal rodeada de pastizales en las inmediaciones de Puerto Real, El Puerto de Santa María y Cádiz. En pletórico estado de conservación, brota sobre una lengua arenosa de unos cuatro kilómetros de longitud que parte del caño de la Cortadura en paralelo a la margen izquierda del caño de San Pedro. En dirección al puente de la Venta El Maka y a través de su margen derecha nos adentramos en Las Marismas de los Toruños que encierran todo el sabor del paisaje marismeño en estado de pureza. Cuando la marea azota con fuerza resulta espectacular ver como su tierra firme desaparece ante nuestros ojos como por arte de magia y queda totalmente cubierta por una lámina líquida. A través de ella se irrumpe en la hermosa playa de Levante, depositaria de cuatro kilómetros de litoral semivirgen desde donde se abarca con la vista la totalidad de la bahía de Cádiz. Sus sugerentes formaciones dunares de rubia arena y la multicolor avifauna costera que la visita se suman a sus encantos. Las extensas playas de Camposoto y el Castillo, enmarcadas por un cordón de dunas, así como la de Cachucha y la de el Río San Pedro también atraen a los turistas como abejas a la miel en la época estival. El río Arillo marca la frontera entre los términos municipales de Cádiz y San Fernando. Antiguamente, este caño conectaba el fondo de saco de la Bahía con el océano Atlántico, pero hoy muere en las marisma que linda con las playas de Torregorda y Urrutia. Entre los valores históricos-etnográficos del Parque Natural Bahía

Los pinares están representados por los «pinus pinea» que pueden asentarse sobre suelos arenosos. En los límites del Parque hay un endemismo vulnerable llamado «Hymenostemma pseudanthemis»

de Cádiz destaca el islote de Sancti-Petri, el molino de San Juan de Bátivas, el molino y las compuertas del río Arillo, los restos de las baterías de Rutia, Baluartes y las edificaciones de defensa del puente Zuazo, el fuerte de San Luis, el varadero del Trocadero y las instalaciones portuarias del Caño de Herrera.

Su carácter genuinamente marino está representado por aquellas zonas de la bahía que permanecen ocupadas por las aguas de forma permanente. Como consecuencia de las constantes descargas fluviales que acontecen en sus dominios, se muestran turbias pero depositarias de una elevada productividad biológica. En sus fondos someros abundan moluscos como las cañadillas o el caracol marino de concha alta y un sinnúmero de peces, en particular tordos, cabrillas, raspallones, sapos, salmonetes... Los habitantes más frecuentes de este entorno acuático son chocos, lisas, chovas y róbalos, aunque a veces se internan por despiste moradores de mar abierto, especialmente delfines y algún que otro cachalote. Las aves más características son las gaviotas, en sus cinco variantes de sombría, enana, cabecinegra, argéntea y reidora, así como el charrán patinegro y charrancito, junto con especies marinas invernantes como el págalo grande y el págalo parásito, el alcatraz y la pardela cenicienta. También acuden a su regazo una importante población de aves buceadoras que se alimentan de peces y organismos del fondo. Entre ellos destaca el cormorán grande, que aparece a decenas posado sobre las torres de conducción eléctrica, su pariente el cormorán moñudo, el ánade silbón, el pato cuchara, el somormujo lavanco, el zampullín cuellinegro, la alca común, los negrones y las serretas medianas. Las planicies fangosas, conocidas como la Isla Verde, aderezan otro hábitat bien diferenciado donde los caprichosos flujos mareales someten su fisonomía a constantes períodos de inmersión y emersión a lo largo del día. Se despliegan a lo largo de toda la franja de contacto con las aguas de la bahía, en particular en la llamada bahía chica y en las orillas de los caños que emergen en bajamar. En invierno, el ánade silbón llega a congregar a diez mil ejemplares en su regazo cenagoso y también son residentes habituales el chorlitejo grande, chico,

gris y patinegro, la aguja colinegra, el archibebe... Los caños, esos canales de agua salada y poco profundos cuyo caudal fluctúa al son que le tocan las mareas, surcan tanto las marismas como las zonas transformadas en salinas. Moluscos, crustáceos, peces e invertebrados como el «Nereis diversicolor» o la «Pharagnathia formica» se buscan la vida acechados por la garcilla bueyera, la garceta común, la garza imperial o la garza real, un pájaro muy singular de hábitos nocturnos y crepusculares que permanece inmóvil en el agua con la cabeza hundida en los hombros en espera de algún roedor, reptil, pez o insecto que pase a su vera. Cuando divisa el bocado estira bruscamente su largo cuello y le arponea con su poderoso pico, un arma letal. También frecuentan los caños el chorlitejo gris, patinegro, grande y chico, el correlimos gordo, menudo, tridáctilo y zarapitín, la agachadiza chica y común, la aguja colipinta y colinegra, el andarríos grande y chico, el archibebe oscuro, claro y común, la cigüeña blanca y negra y la espátula. Las marismas aparecen dispersas en forma de franjas estrechas enmarcadas entre los caños y las salinas o entre éstas y las planicies fangosas. Las más esplendorosas y virginales son las de la Isla del Trocadero, las de Sancti-Petri y la de Los Toruños. Junto a molus-

La garcilla bueyera, en el dibujo de la derecha, es una de las aves que habitan junto a los canales fluviales. También podemos encontrar garcetas comunes y garzas reales e imperiales.

cos, crustáceos, insectos acuáticos y la mayor parte de los pájaros mencionados, acogen a ciertas aves que no son carcaterísticas del paisaje litoral como la golondrina común, la perdiz roja, la cogujada montesina y común, la collalba gris y rubia, la tarabilla común y la terrera marismeña, en compañía de algunas rapaces que toman cuerpo en el aguilucho cenizo y lagunero, y el ratonero común que normalmente hace vida en los pinares. La mano del hombre ha modelado la marisma dando vida a un particular ecosistema de identidad salobre con una preciosa vista de Cádiz como telón de fondo. Son los esteros, esas bandejas de agua salada

Los caños son canales fluviales de agua salada, poco profundos, de caudal variable debido a las fluctuaciones de las mareas. Los llamados ríos Arillo y San Pedro y el caño de Sancti-Petri son los más importantes

y llenas de luz donde se ubican los salineros, de escasa profundidad y muy influenciados por la voluble personalidad de las mareas. Muchas de la antiguas salinas gaditanas cayeron en desuso y han sido recicladas como criaderos industriales de peces. La piscifactoría de la salina San Juan Bautista y la planta de engorde de alevines de la salina de El Palmar dan buena cuenta de esta saludable actividad acuicultora en la zona. La «Artemia salina» es el crustáceo más característico de este entorno salitroso, bocado imprescindible en la dieta de los infinitos aprendices de peces que pululan por sus aguas y del flamenco. En los esteros se obtienen pingües beneficios con la pesca de lenguados, doradas, alburejos, anguilas, róbalos, lisetas y zorreras, aunque el perrillo es el más abundante. Sobrevuelan estas superficies espejadas la avoceta, el correlimos gordo, la aguja colipinta, el archibebe combatiente, el charrancito, la garza real e imperial, la gaviota argéntea, la garcilla bueyera, la cigüeña blanca que se asienta sobre los promontorios o la nerviosa cigüeñuela, que chapotea en este espejo salado con sus larguisímas patas de tono rosa. El flamenco y el martín pescador constituyen una rareza en la bahía y su presencia en las salinas suele deberse a que estén de paso o a que en los rigores del verano se seque la malagueña laguna de Fuentepiedra. La marea también juega con las playas, dejando charcas y pozas sobre la inmensidad de la arena en bajamar. Allí toman asiento un amplio especto de invertebrados, como esponjas, cnidarios, ánelidos poliquetos, moluscos bivalvos y gasterópodos, junto con rodaballos, lenguados, sargos, lisetas... La influencia marina apenas se deja sentir sobre los pinares que tapizan algunos rincones del Parque Natural Bahía de Cádiz. Su fauna adquiere entonces otras connotaciones y hace aparición el gallipato, el sapo de espuelas y el corredor, la rana común, el sapillo pintojo y el moteado, el lagarto ocelado, el camaleón, la culebra bastarda, la lagartija colirroja y la rabilarga, el erizo europeo occidental, el ratón casero y el de campo, el zorro, la rata común, el lirón careto, la nutria, el conejo de monte... La aves están representandas por petirrojos, mirlos comunes, ruiseñores bastardos,

currucas, buitrones, carboneros comunes, cerdecillos, cernícalos vulgares, ratoneros comunes, perdices rojas, alondras... Entre las rapaces nocturnas destaca el pequeño autillo, la lechuza común, el búho chico y el mochuelo común.
Su valor botánico se acrecenta porque en el Parque Bahía de Cádiz se conservan como oro en paño los últimos veinte ejemplares de la «Verbascum pseudocreticum», una planta en serio peligro de extinción. Además es depositarios de otras especies sumamente raras y vulnerables como la «Cynomorium coccineum», a la que se había extendio el certificado de defunción en Andalucía, y una singularísima salicornia, la «Halopeplis amplexicaulis», que fija su residencia en terrenos salados y al llegar el otoño suele tomar un color rosado. Cuenta en su haber con cinco endemismos: «Gaudinia hispanica», «Micropyrosis tuberosa», «Linaria tursica», «Silene stockeni y «Hymenostemma pseudoanthemis», una especie muy vulnerable que brota en los límites del Parque. Las praderas de «Zoostera noltii» ocupan gran parte de las superficies fangosas y sobre ellas se asientan ciertas algas como la «Enteromorpha linza», la «Ulva lactuca» y el «Codium tomentosum». En la marisma baja reina la «Spartina maritima» pero según se avanza en niveles topográficos superiores se deja desplazar por la «Sarcocornia perennis». Esta ultima y su prima la «Sarconia fruticosa» se adueñan de la marisma media, mientras que en la alta florece la «Arthrocnemum macrostachyum», la «Limoniastrum monopetalum», la «Inula chritmoides», la «Suaeda splenderens», la «Limonium algarvense» y la «Limonium ferulaceum». En las orillas de los caños y en las salinas la vegetación es similar a la existente en la marisma alta a la que se suma la «Hamilione portulacoides» y la «Salsola vermiculata», aunque en los pastizales salitrosos predominan las rudas. Las playas y dunas acogen a la «Salsosa Kali» y la «Calike maritima». Las gramiceas perennes como el «Elymux farctus» y la «Ammophila arenaria» van fijando la arena con la ayuda de la «Spartina» y Sarconia de las marismas. También son habituales la Retama menosperma, la «Malcomia littorea», el «Lotus creticus», la «Artemisia chritmifolia»... Las charcas y las zonas húmedas ampa-

Una forma muy interesante de visitar el Parque es realizar un recorrido en barco desde el Club Náutico de Sancti-Petri en Chiclana de la Frontera hasta la bahía de Cádiz y el océano Atlántico.

ran raros especímenes como el «Ricciocarpentum matantis» y el «Potametum lucentis», pero en especial diferentes familias de juncos y gramas, junto con la «Armeria gaditana», la «Centaurea exarata» y la «Gaudinia fragilis» que brotan en las zonas más secas sometidas a encharcamientos temporales. Los pinares del Parque Natural Bahía de Cádiz están representados por el pino piñonero de copa redondeada. Se asienta sobre depósitos arenosos y a su alrededor brota un sotobosque característico a base de lentisco, bufalaga marina o retama, y en menor medida coscoja, palmito, acebuche y esparraguera.

Los centros de información salpican el Parque Bahía de Cádiz acogiendo al visitante en puntos estratégicos de cada uno de los municipios implicados. Los Toruños en El Puerto de Santa María, el Río San Pedro-Caño de la Cortadura en Puerto Real, la salina de El Carmen de Bartivás en Chiclana de la Frontera, y el Río Arillo en Cádiz y San Fernando. Esta última ciudad cuenta además con un jardín botánico de una hectárea y media que permite el acercamiento pedagógico a la flora autóctona y a especies procedentes de América, ambas muy interrelacionadas en esta provincia tras el descubrimiento. Como actividad complementaria se dan a conocer técnicas autóctonas de cultivo, jardinería y aclimatación. Navegar a vela por este paraíso es la mejor forma de saborearlo. La dirección del Parque Natural y el Aula del Mar de la Diputación de Cádiz han diseñado una visita guiada a las Marismas de Toruño a bordo de ligeros veleros deportivos. Otra interesante ruta, aunque esta vez a pie, transita por el tramo comprendido entre el inicio de la playa de Camposoto y la Salina de San Nicolas, en San Fernando. Los eco-turistas están de suerte ante la variada oferta de actividades que giran en torno al Parque. Chiclana de la Frontera y Puerto Real cuentan con una nutrida red de cañadas y caminos rurales muy idóneos para el cicloturismo. La capital gaditana es consciente de sus tesoros ecológicos y brinda al forastero la posibilidad de practicar todo tipo de deportes náuticos, iniciación a la vela y submarinismo, junto con rutas a caballo diurnas y nocturnas por bellos parajes y playas, conferencias y cursillos de repoblación con especies autóctonas...

Los cascos antiguos de todas las ciudades que rodean al Parque bien merecen una visita, aunque se corre el riesgo de ser deslumbrado por la blancura de su caserío o de sucumbir a los excesos de su exquisita mesa con unos pescados frescos y unos caldos que quitan el sentido. En la liberal Cádiz se redactó en 1812 la Constitución más brillante y permisiva de su tiempo, concretamente en la hermosa iglesia parroquial de San Felipe Neri. Declarada Conjunto Histórico-Artístico en 1972, nos deleita con el sabor de su casco antiguo por encima del que se eleva la cúpula amarilla de su catedral, bellamente ornamentada con mármoles y jaspes pero cerrada al público porque el Atlántico se empeña en infiltrarse entre sus sagrados muros para oficiar su particular liturgia marina. Su recoleta playa de La Caleta, donde perviven los restos de un balneario romano, la Casa Consistorial, el Hospital Provincial o la Casa de Tabacos apuntalan su merecida fama. El Puerto de Santa María macera en sus rancias bodegas los vinos de la denominación de Jerez, donde el fino es rey. Su sabroso «caldillo de perro», las finísimas tagarninas y los deliciosos malarmaos a la sal hacen las delicias de los gastrónomos exigentes. Aquí se construyó la legendaria carabela que lleva su nombre y Juan de la Cosa confeccionó el primer mapamundi en el que aparece el flamante continente. De su bahía partirán numerosas expediciones porque fue la capital del trasiego comercial hacia las Indias hasta que pasó en exclusiva a Sevilla. Se la conoce como la ciudad de los mil palacios, levantados en su mayoría por los acudalados cargadores de Indias. El de los Duques de Medinaceli, de Araznibar o la Casa de las Cadenas, dan buena muestra de este esplendoroso pasado. Su rico patrimonio religioso es otro de sus encantos, con la iglesia prioral de Virgen de los Milagros, un diamante gótico construido entre los

La zona es especialmente rica en peces. Destacan rodaballos, lenguados, lisetas y sargos. En la salina de San Juan Bautista y en la de El Palmar se han creado piscifactorías para engordar a los alevines.

siglos XV y XVII o el monasterio de la Victoria, obra ojival del siglo XVI. Chiclana de la Frontera dormita en el litoral atlántico, justo donde la bahía gaditana y sus salinas se abren en bocas menores. Su casco antiguo de estrechas calles se engalana con casas blancas de artísticas cerrajerías que ocultan exuberantes patios interiores. Su faro y el castillo de Sancti-Petri encarnan las reliquias arquitectónicas de la villa, levantados ambos en el siglo XIII. Hay que degustar sus ricos caldos, en especial los blancos en compañía de sus famosas papas aliñás y de postre tortas de almendras. Este recorrido turístico suma y sigue con el parque periurbano de Las Canteras de Puerto Real, la villa de San Fernando, vinculada a la Armada Nacional y depositaria de un soberbio Museo Naval, y un poco más lejos pero a tiro de piedra la Real Escuela de Arte Ecuestre de Jerez... El mítico cantaor Camarón de la Isla retrata la belleza de este rincón gaditano que le vió nacer y que rezuma jondura flamenca por los cuatro costados en unas brillantes alegrías tituladas «Bahía de Cádiz». Ahí va como broche de oro una de sus letras y el estribillo:

Esteros de Sancti-Petri, salinas de San Fernando,
espejos de sol y sal donde se duermen los barcos.
Isla del Guadalquivir, donde se fueron los moros
que no se quisieron ir.

Parque Natural y Reserva Integral de Cabo de Gata - Níjar

La provincia de Almería padece en sus carnes con resignación una desertización progresiva que afecta ya a un cincuenta por ciento de su territorio, circunstancia adversa que ha sabido encajar con arrojo hasta transformarla en piedra angular de sus señas de identidad. El Parque Natural de Cabo de Gata-Níjar es su mejor recompensa, aunque le haya costado entenderlo a las gentes que, durante siglos y ante la más absoluta indiferencia oficial, han apechugado con la escasez de recursos de unas tierras que incluso tenían por malditas. La vida siempre fue muy dura en el que a partir de la Reconquista empieza a llamarse Campo de Níjar, ingrato territorio por sus condiciones climáticas y la desigual estructura de la propiedad. Sus moradores se entregaban en el interior a tareas agrícolas y ganaderas de pura susbsistencia, al igual que sus vecinos del litoral bregaban con el campo y la pesca. Para sobrevivir, siempre les fue necesario mantener de forma complementaria cierta actividad industriosa destinada al intercambio exterior. Con los musulmanes fructifica el cultivo de la morera y la crianza de gusanos de seda para abastecer de materia prima a las ávidas manufacturas textiles de Granada. Tras la Reconquista, la recolección de sosa cobra mucha fuerza en la comarca y se exporta en abundancia a Génova y Marsella, donde se emplea para fabricación de jabón. Lástima que a finales del siglo XVIII se descubriera la fórmula de producirlo a través de procesos

El clima mediterráneo subdesértico con veranos largos, cálidos y secos e inviernos frescos y cortos, es responsable de la morfología de esta zona. A la derecha, la costa frente a la Isleta del Moro.

químicos, arruinando limpiamente tan floreciente negocio. En el ecuador del siglo XIX, se empieza a recolectar esparto a gran escala. Los hombres del Neolítico ya conocían esta fibra y también los nijareños, que la empleaban habitualmente para la confección de todo tipo de aperos y objetos de uso doméstico, pero en este momento se ha revalorizado porque se emplea en la obtención de pasta de papel. Además, cuando el siglo XIX toca a su fin, se inagura una importante actividad minera en toda la comar-

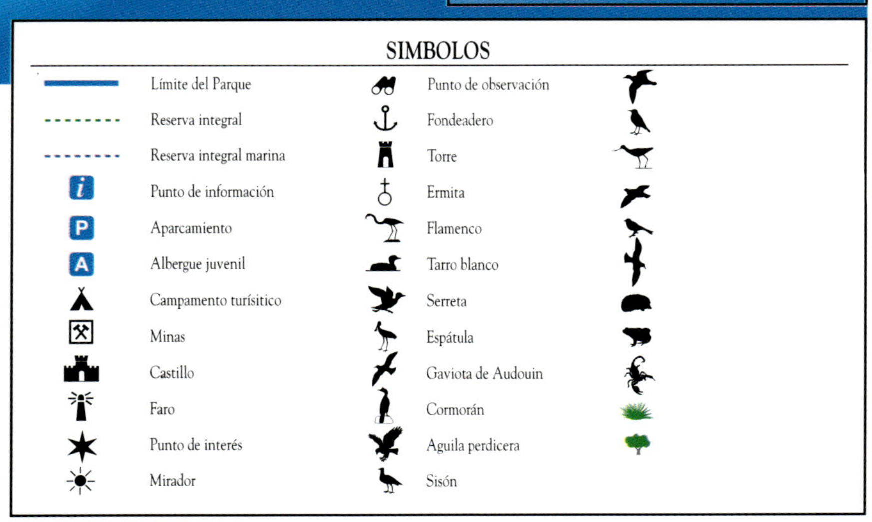

En el dibujo la gaviota de Audouin un endemismo mediterráneo que estuvo en peligro de extinción y ha conseguido salvarse. Suele volar a veinte o treinta metros sobre el mar y planea durante largas distancias.

ca. Se explotan yacimientos de plomo, hierro, granate y betónica, y en el mismísimo corazón del territorio que hoy conforma el Parque, salen a la luz las minas de oro de Rodalquilar. Pero con los años cuarenta del presente siglo llega de nuevo la desolación al Campo de Níjar. El sector minero entra en crisis a nivel nacional y aunque los yacimientos auríferos de Rodalquilar serán los últimos en cerrar, el año 1963 pone fin a esta aventura mineral. Como otros muchos, los pescadores de la Isleta que se ganaban el jornal como mineros y arañaban algo de dinero para casa con la venta de pescado en la cantina, vuelven a ver de cerca el rostro de la miseria. Para colmo de males, la abrumadora competencia del plástico desplaza al esparto en los años sesenta. Para buscarse la vida sólo les queda ya la recogida de palmitos, alcaparras o hierbas aromáticas, actividades de poca monta que aún perduran junto con la ganadería. En su «Campos de Níjar» Juan Goytisolo tratará de describir la situación de penuria y desolación que asola a la comarca entera. De su rudeza visceral también se percató Federico García

DATOS DE INTERÉS

Denominación: Cabo de Gata–Níjar.

Clasificación: Parque Natural.

Situación: Extremo suroriental de la provincia de Almería, al sur de la comarca de Campo de Níjar en el límite oriental del Golfo de Almería.

Superficie: 29.000 hectáreas.

Límites: Términos municipales de Níjar, Almería y Carboneras.

Especies animales más comunes:
Flamenco (hasta 3.000 en época estival), Tarro blanco, Serreta, Espátula, Gaviota de Audouín, Cormorán, Águila perdicera, Sisón, Alcaraván, Alondra de Dupont, Ortega, Camachuelo trompetero, Erizo moruno, Calderón, Avoceta, Escorpión, Sapo corredor, Pardela cenicienta.

Especies vegetales más comunes:
Endemismos: *Antirrhinum charidemi*, *Dianthus charidemi*, *Sidentis osteoxyla*, Palmito o palma enana (única palmera autóctona del continente europeo), Lentisco, Acebuche, Carrizo, Almajo, Cornical o Salguilla, Colotis del desierto, Cystoseira mediterránea, Posidonia, Azufaifo, Esparto, Chumberillo del Lobo, Clavelina del Cabo.

Características que lo hacen especial:
Magnífico ejemplo de macizo volcánico, el principal en la Península Ibérica. Una de las franjas costeras más espectaculares del Mediterráneo occidental. Singulares valores físico–bióticos, paisajísticos y socioculturales de las sierras litorales de Cabo de Gata y la Higuera. Espectaculares aunque minúsculos arrecifes e islotes

Organismo o entidad responsable de su gestión:
Consejería de Medio Ambiente
Junta de Andalucía.

Acceso: Libre. Está prohibida la acampada libre.

Lorca, quien en el «*Cortijo del Fraile*» se inspira para dar vida a su desgarrada «Bodas de sangre».
Esta precariedad secular de sus condiciones de existencia ha marcado a fuego el carácter de los nijareños, aunque por fortuna las cosas han cambiado. En las tierras del interior, que hoy conforman la periferia inmediata del Parque, se ponen en marcha novedosas técnicas de cultivo que dan vida a una fructífera huerta y la empresa «Michelín» instala una planta de ensayo en la zona esteparia que absorbe abundante mano de obra. Con la década de los setenta llega el turismo y en la costa se estrenan los negocios familiares. Intelectuales y artistas empiezan a reparar en la belleza insólita del paisaje, en las rústicas costumbres de sus habitantes y en la singularidad cultural e histórica de este paraíso perdido donde parece que el tiempo se ha detenido. Cuando llegan los años ochenta el Campo de Níjar se encuentra en una encrucijada tras un desarrollo rápido y anárquico de corta edad. Su futuro se debate entre la capacidad limitada de un entorno frágil, el incremento de la presión

La agricultura de secano fue la característica de la zona. Los cereales se alternaban con algarrobos, olivos, palmeras, almendros y morales. Todavía pueden verse antiguos molinos en la zona del Pozo de los Frailes.

La sierra de Cabo de Gata es el macizo volcánico más importante de la Península. Hay marcados contrastes cromáticos debidos a la roca madre y al tapiz vegetal. Pero quizá lo más impresionante sea el silencio.

humana y la falta de infraestuctura para darle acogida. En esta tesitura surge y se impone el proyecto del Parque Natural de Cabo de Gata-Níjar. Por primera vez en su historia las gentes de esta comarca acarician la posibilidad de salir a flote con dignidad, aunque la polémica está servida. Algunas iniciativas turísticas de postín han sido paralizadas y ellos se baten el cobre para conseguir los permisos o flexibilizar la norma vigente. Pero poco a poco van asimilando ese valor ecológico que el exterior atribuye a su tierra y que en apariencia choca con las suculentas posibilidades económicas que ahora les brinda el turismo. Como escribe Danielle Provansal, Profesora Titular del Departamento de Antropología Social de la Universidad de Barcelona, en un interesante artículo: «*Podría significar la transposición, en el plano de lo imaginario, de una reivindicación secular: si el Parque confiere al territorio un valor, simbólicamente importante, ¿Por qué no tiene este valor un alcance extensivo o más omnicomprensivo?. O dicho de otro modo, ¿Cómo hacer para que la percepción estética del paisaje no sea un obstáculo a su transformación económica y social?*». Este espacio protegido del Levante almeriense nace en 1987 y lleva a gala ser el primer Parque Natural marítimo-terrestre de Andalucía. Sus veintiseis mil hectáreas de sierra, costa, salinas y dunas se debaten entre los términos municipales de Almería, Carboneras y Níjar. Es el único rincón del litoral Mediterráneo que se mantiene virgen en la Península y un caso excepcional en Europa por abrigar especies vegetales y animales propias de zonas desérticas o subdesérticas. Además, sus trescientas hectáreas de salinas, que aún se encuentra en actividad, son punto de escala entre Europa y África para numerosas aves migratorias entre las que el rosado flamenco es rey. Conserva en su interior el encanto de numerosos nucleos de pobación, recoletos y apacibles, que hacen las delicias de los amantes del turismo rural. Su escasa población, que se censaba en todo el Parque en tres mil setenta y cinco personas en el año 1991, se multiplica por diez en la temporada estival. Las aldeas costeras son relativamente recientes, las más antigua data de finales del siglo XIX. Pero es

que los temibles piratas procedentes del norte de África no dejaban títere con cabeza en toda la costa mediterránea. En todos estos pueblecitos perviven esas construcciones tradicionales que nos hablan del agua, preciado líquido aquí venerado como un dios, como pozos y aljibes, acequias, molinos y norias. Y es que esta franja estrecha que bordea la costa al sur de la comarca de Campo de Níjar padece los rigores de un clima subtropical mediterráneo desértico de extrema sequedad. Su media anual de lluvias no supera los ciento cincuenta mm y se concentra en la época fría, de octubre a abril, mientras que la estación seca parece eternizarse.

Las peculiaridades de su fauna y flora han dado pie a la creación del Museo de Historia Natural y del Mar en Almería. Partiendo de esta noble ciudad, pero no sin antes visitar su recia Alcazaba, que en sus más de cuarenta y tres mil metros cuadrados albergaba baños, cisterna, mezquita y palacio, esa Catedral con aires de fortaleza, obra de Diego de Siloé, su entrañable Plaza Vieja, el templo de Santiago el Viejo, la Muralla de Jayrán y La Hoya o el barrio pesquero de La

El agua es algo excepcional en el Parque. La mayor parte de la red fluvial es seca y sólo ve líquido de tarde en tarde. Los habitantes han tenido que desarrollar técnicas muy especializadas para sobrevivir a la sequía.

A los escorpiones les gusta vivir en estas soledades. Durante el día se ocultan bajo las piedras para evitar la desecación y sólo cazan de noche. El veneno de estos arácnidos europeos no es casi nunca mortal para el hombre, pero las picaduras son bastante molestas.

Chanca, se entra en el Parque por la N-344 hasta enlazar con la carretera que va a El Barranquete y por ella hasta el cruce de la que llega a San José, aldea marinera del Cabo de Gata. Costa y sierra volcánica amueblan con exquisito gusto este vasto territorio que encierra bajo llave once áreas de reserva integral, como Vela Blanca en el arrecife del Dedo o Cala Higuera cerca de San José, ambas coronadas por torres vigías. Y dentro de la Reserva Marina, que contornea todo el litoral y se prolonga cincuenta metros mar adentro, otras seis áreas inaccesibles para el gran público. Su llanura costera incluye una serie de estanques separados del mar abierto por un cordón de area y dedicados a la extracción de sal, junto con una zona de dunas móviles que los revoltosos vientos del poniente hacen y deshacen a su antojo con la promiscua arena de la playa. Además, una orla litoral de dunas fijas se extiende desde el pueblecito de San José del Cabo de Gata hasta la ermita de Torre García. En ellas brota todo un dinosario vegetal: el azufaifo (Zizyphus lotus, para los entendidos). Este arbusto espinoso de hoja caduca que vuelve a la vida en el mes de abril es el único exponente en España de la vegetación más árida que en otras épocas remotas tapizaba amplias zonas. Y hablando de endemismos, mencionar también al barrón. En la aparente esterilidad de las salinas brotan también determinadas especies perfectamente adaptadas a los suelos salobres, en especial sosa, carrizos y juncos. Ellas proporcionan la cobertura necesaria a las agradecidas aves acuáticas para que construyan sus nidos y sirven de confortable dormidero a las aves migratorias, que llegan exhaustas hasta aquí tras su titánico esfuerzo, sin brújula ni mapas cartográficos. La serranía está representada en todo su esplendor por la Sierra de Cabo de Gata, que se eleva tímidamente sobre el nivel del mar con su rostro volcánico a sabiendas de que en sus entrañas guarda vetas de oro, jaspe o ágata. Dos calderas volcánicas y cuatro lavas columnares de extraña belleza nos recuerdan que tiempo atrás hervía aquí la tierra. Se despliega hacia el norte

por la Sierra de la Higuera y la Sierra de Cabrera, ésta última fuera ya de las fronteras del Parque. La aridez de la provincia de Almería encuentra su quintaesencia en el sugerente moldeado que la erosión ha cincelado en su relieve, donde, de cuando en cuando, surge como un espejismo la idílica imagen del oasis. En las laderas serranas y en la llanura reina la típica flora esteparia, compuesta principalmente por matorrales de lentiscos y acebuches, espartizales, chumberas, tomillares y esparragueros. Tampoco hay que pasar por alto sus importantes formaciones de palmitos, la única palmera autóctona del continente, el matagallo almeriense y la aulaga morisca. Pero las plantas no son los únicos habitantes del Parque... La foca monje, antes habitual en las pequeñas calas esculpidas por el mar en el mismo Cabo de Gata, la víbora hocicuda, moradora de los palmitales y los canchales volcánicos, y el lagarto se buscan la vida en estos parajes tan hospitalarios con el flamenco que viene a pasar el verano, con las cigüeñuelas y los chorlitejos patinegros que llegan en primavera, con garzas, gaviotas y patos en su visita invernal, el águila perdicera, el camachuelo trompetero, la cigüeña, la avoceta... La Rambla de Morales traza junto al pueblo de San Miguel de Cabo de Gata una albufera deltáica donde no cesa el estruendo de las gaviotas. En la Reserva de Aves Esteparias de Las Amoladeras la estrella es la alondra de Dupont y en la Reserva Ornitológica de Las Salinas los numerosísimos flamencos monopolizan toda nuestra atención rompiendo con su canto la nitidez del silencio. Majestuosos acantilados volcánicos se continuan bajo el agua creando fondos rocosos de su paisaje submarino. Un gran número de algas compiten por luz entre paredes verticales, grietas, cuevas y desniveles. Entre ellas destacan las inmensas y densas praderas de la «Posidonia Oceánica». Con ellas vive en el sustrato de la roca la estrella de mar roja y el pulpo común, junto con pequeños crustáceos y erizos de mar o la lapa «Pateica Ferruginea», que se creía desaparecida tras histórico marisqueo. Otro habitante de estas praderas submarinas es la nacra, el bivalvo más grande del Mediterráneo y entre sus hojas encuentran refugio peces como el tordo o el raspallón. En

La arquitectura tradicional se adapta a las exigencias del clima y busca sobre todo impedir la entrada del calor. En esta página uno de los escasos ríos de la zona, el Alías.

recónditas cuevas se esconde la morena, el mero y la escorpena.

El Parque Natural de Cabo de Gata-Níjar nace angosto muy cerca de la bella ciudad de Almería, que, atenta cual centinela, contempla su bahía abierta al mítico Mare Nostrum desde lo alto de su alcazaba. A vista de pájaro, su silueta nos recuerda a una ola a punto de romperse. Sus límites parten de la Punta del Río y siguen fielmente las sinuosidades del litoral hasta llegar a la desembocadura del río Alias, junto al pueblecito de Carboneras en el extremo norte del Parque. En la costa occidental del Cabo de Gata, el poblado de Torre García se yergue altanero con su torre-vigía y su ermita, sin quitar los ojos de la majestuosa playa que lleva su nombre. El azufaifo crece por doquier y la Rambla de las Amoladeras da cuenta de lo que es un curso fluvial típicamente mediterráneo. En sus proximidades nos saluda una aldea de pescadores que responde al nombre de Cabo de Gata y donde se han encontrado interesantes yacimientos de origen romano y árabe. A continuación nos topamos con Las Salinas, que por su valor ecológico sin parangón constituyen una de las áreas de reserva del Parque. En el prolongado verano almeriense se da cita en estos

terrenos salobres una rica y variada avifauna, aunque durante los meses de febrero-marzo y septiembre-octubre el trasiego de aves alcanza su cénit. Desde su observatorio ornitológico es posible acercarse a las intimidades de las numerosas aves que pululan en este apeadero andaluz de lujo. Durante la temporada estival llegan a concentrarse aquí más de tres mil flamencos que en su bulliciosa algarabía consiguen teñir de rosa las salinas. Pero para acaparar a golpe de vista la belleza paisajística de este Parque merece la pena visitar el cercano Faro de Cabo de Gata, punto de referencia para los navegantes y atalaya privilegiada desde donde se contempla la inmensidad turquesa del Mediterráneo, con las infinitas calas y acantilados que ha esculpido en sus costas y la bahía de Almería. Rumbo a Levante a toda vela y dominando la belleza arqueada de su playa, La Isleta del Moro nos transporta a un cuento de «Las mil y una noches» con su blanco caserío entre palmeras. En sus cercanías se encuentra Presillas Bajas, que orgullosa nos enseña la Majada Redonda, una caldera volcánica que siglos y

El manto vegetal está formado sobre todo por comunidades de matorral. La palma enana o palmito, única palmera autóctona de Europa, está muy extendida.

siglos atrás se mostraba tan briosa. Y seguimos la costa y nos adentramos unos kilómetros en el interior para encontrar el áureo Rodalquilar, el único centro productor de oro de la Península Ibérica desde la Antigüedad, cuya fortaleza tuvo gran importancia en este litoral. Desde aquí, la playa naturista del Playazo está a tiro de piedra y muy próximo a ella el recoleto Castillo de San Ramón. Si seguimos la intrincada franja costera, salpicada de playas desérticas y acantilados, en dirección a Las Negras, pobla-

ción costera entre Punta Javana y Punta Polacra, se eleva imponente el Faro de Mesa Roldán. A la derecha, merece la pena visitar la Playa de los Muertos. Y llegamos a Agua Amarga que saluda al turista recostada en las estribaciones de la Sierra de la Higuera. Muy cerca nos sorprende una explotación a cielo abierto de bentonitas, mientras que en el interior descansa el pueblo de Fernán Pérez con las típicas contrucciones de la zona. Se trata de viviendas de poco alzado y reducidos volúmenes que se enfrentan a la insolación con cal, diminutas ventanas y cubierta plana. De talante agricultor, sus vecinos se entregan al cereal y en sus pequeños huertos crecen olivos, almendros y árboles frutales. De nuevo en la costa, la torre vigía de San Pedro desafía al horizonte y nuestro viaje termina en Carboneras, antiguo pueblo marinero que cierra los límites litorales de este Parque Natural con paradisíacas playas que nos invitan al chapuzón y a los deportes naúticos. En la cara oriental de esa accidente geográfico que llamamos Cabo de Gata, las amplias playas de Monsul y de los Genoveses nos llevan a un pequeño pueblo de vocación marinera que responde al nombre de San José. Rodeado de paisajes de ensueño con intrincadas calas de arena blanca y aguas cristalinas, permanece inmóvil a la sombra de su maltrecha fotaleza para acoger en su puerto deportivo a los privile-

La torre de los Lobos es una de las varias atalayas de vigilancia de la costa que se levantaron para avisar de la llegada de los piratas berberiscos que asolaron el Mediterráneo.

Las aguas del Cabo de Gata se caracterizan por su transparencia y limpidez. Los fondos rocosos que constituyen prolongación de la sierra albergan una gran cantidad de seres vivos.

giados navegantes del Parque con más de doscientos amarres. Muy cerca y hacia el interior se encuentra Pozo de los Frailes, que no puede negar su ascendencia musulmana, presente en su trazado urbanístico y en la singular arquitectura de sus casas. Desde aquí sale una pequeña carretera que desemboca de nuevo en la costa y junto a la Punta del Esparto nos recibe vestido de novia el poblado de Los Escullos. Con su habitual cordialidad nos invita a bañarnos en la bella playa del Arco bajo la mirada pétrea de su vigilante castillo en lo alto del acantilado.

Tierra adentro, el Parque Natural Cabo de Gata-Níjar se ensancha sobre la llanura desde los pies de la Sierra de Gata hasta casi tocar el pueblo de Níjar. El entramado urbano de esta villa alfarera y ceramista está cuajado de reminiscencias árabes. Resplandece nívea en las laderas meridionales de la Sierra de Alamilla, dueña y señora del verde Campo de Níjar junto al embalse que lleva también su nombre y a los numerosos riachuelos a los que el río Alias presta sus aguas. Desde lo alto de un cerro la custodian los restos de una atalaya morisca dotada de torre vigía. Conocido como el castillo de Huebra, nos ofrece hermosas vistas que se abren a la sierra y al mar. Merece la pena visitar su parroquia acastillada del siglo XV y reparar en su hermoso artesonado mudéjar. Llama la atención la austeridad de su torre, pero es que en realidad formaba parte de una fortaleza castellana en el siglo XVI. Su pintoresco barrio del Portillo, entre geranios y rejas, es otra visita obligada, como el peculiar y antiguo molino de agua que conserva sus tierras de labor. La alfarería y la cerámica de su característica tierra blanca, que ya mencionara el cronista Ibn el Hatib en el siglo XIV, dan fe de sus

habilidades artesanas, pero no en balde se la conoce también como «La villa de las jarapas» por su tradición espartera. Cuenta con uno de los términos municipales más extensos de la provincia, salpicado de numerosas y diminutas poblaciones que en su mayor parte pertenecen a los dominios del Parque. Son los poblados marineros ya mencionados de San Miguel de Cabo de Gata, San José, Los Escullos, la Isleta del Moro, Las Negras y Agua Amarga o las aldeas interiores de Fernán Pérez, Hortichuelas o Rodalquilar.

Pero el Parque Natural Cabo de Gata-Níjar no es sólo un espacio en el que deleitarnos con la vista y que los miradores de La Amatista, Las Sirenas y Las Amoladeras te ponen en bandeja. También brinda al visitante un sinfín de actividades a cual más sugerente, desde el senderismo hasta la posibilidad de saborear sus excelencias en vehículos todo-terreno. El sol y las playas están garantizados, bien al resguardo de sus blancas aldeas o en parajes solitarios y ocultos a los que sólo es posible llegar a pie o en embarcación. Los aficionados al deporte al aire libre están de suerte porque pueden disfrutar de la vela en todo el litoral o lanzarse al windsurfing en las playas de Agua Amarga, de San Miguel de Cabo de Gata, en Cala Amarilla...

Algas, esponjas, cnidarios, moluscos, crustáceos y corales se encuentran en los fondos marinos de esta costa. Se realizan safaris fotográficos submarinos.

Para los menos atrevidos, la pesca desde la costa o a bordo de embarcaciones. La administración del Parque propone áreas de acampada, itinerarios marítimos, ecuestres o en bicicleta de montaña... Además, agasaja a propios y extraños con cuatro rutas organizadas que abarcan una visión global de su territorio: costa oriental del Cabo de Gata, alrededores de San José, de Torre García al Faro de Cabo de Gata y desde Níjar a Tabernas, fuera ya de los contornos del Parque. Por si fuera poco, todo el litoral y sus fondos marinos se prestan de mil amores al submarinismo, siendo habitual la realización de safaris fotográficos submarinos porque la transparencia de sus aguas clama al cielo en Carboneras, en la playa del Corralete, en la de San José, en la cala del Bergantín, en Cala Hernández... Su oferta gastronómica nos resarcirá con creces de tanto derroche de energía. Para abrir boca, nada como cigalas, gambas y chopitos. Los escabechados, una tradición de ascendencia árabe que los nijareños bordan, alcanzan la gloria con las sardinas. Y una vez metidos en faena hay que degustar la sopa de Almería, donde la mayonesa licuada adereza pescados y mariscos, la fritá o fritadilla, las gachas de pimentón, el gazpacho de pepino, también llamado gazpachuelo o gazpacho a lo

Junto a estas líneas el Faro del Cabo de Gata. Estas costas han sido explotadas siempre por los pescadores que encontraban aquí besugos, cabozas, meros...

pobre, las migas, el remojón, la harina torcida, los andrajos, y por supuesto, exquisitos pescados a la plancha recién capturados en su generoso litoral. En Carboneras tiene fama el caldo «colorao», el arroz a la parte, los gurullos de perdiz y las gachas, mientras que en Níjar hay que probar el cocido con morcilla. También merece la pena saborear las verduras de la variada y tempranera huerta de Almería, asi como sus exóticos frutas subtropicales que ponen el broche de oro a la hora de los postres. En los últimos años, han cobrado mucho auge las fiestas que celebran los diminutos pueblos diseminados por el Parque, que se tornan más espectaculares y ostentosas. Quizá se deba a que el olvido al que se ha visto relegada esta

El turismo ha revitalizado la economía de una zona que había agotado sus minas y que no encontraba salida para las recogidas tradicionales de esparto.

comarca durante siglos haya desaparecido con la llegada de tantos eco-curiosos. Hoy sienten que se proyectan hacia el exterior y la cálida acogida del público les refuerza en sus expresiones más íntimas, dando credibilidad a su sentimiento de singularidad y pertenencia común. Las celebraciones veraniegas de la comarca se inician en la segunda quincena del mes de mayo en el poblado de Fernán Pérez en honor a San Fernando. Al mes siguiente, Pujaire y Carboneras agasajan con todos los honores a San Antonio de Padua. Del 14 al 16 julio es la Virgen del Carmen quien monopoliza la atención de los nijareños en La Isleta y el Pozo de los Frailes y poco después Agua Amarga rinde pleitesía a su patrón Santiago. A mediados de agosto uno tiene que multiplicarse si quiere asistir a las fiestas de la Virgen del Mar que se celebran a mediados de agosto en Cabo de Gata, Las Salinas, Albaricoques o La Isleta, no perderse las de la Virgen María en Las Negras ni la Fiesta del Pescador de Carboneras. Entre el 20 y 25 de setiembre, Níjar se viste de gala para su Feria de Otoño de Níjar y el primer domingo de octubre acude toda la comarca en pleno a su Romería del Huebro. Las celebraciones invernales son menos multitudinarias pero no por ello menos coloristas. El primer domingo de enero tienen lugar la entrañable Romería a Torregarcía y el día 20 de ese mismo mes Níjar vuelve al candelero festero con San Sebastián. Pero de entre todas ellas destaca la fiesta del «Huertecico», que se celebra en San Miguel de Cabo de Gata el Domingo de Resurrección y cuya preparación ritual se inicia la noche anterior.

Aunque la fragilidad del entorno no permite una afluencia masiva, el Parque Natural de Cabo de Gata-Níjar recibe muchas visitas, especialmente de extranjeros que practican turismo rural entre los diminutos pueblos que salpican un decorado de lujo, junto con turistas típicamente estivales, hambrientos de sol y playa. No es de extrañar...Toda la gama de los ocres, los grises y los pardos se dan cita en la enigmática belleza que envuelve el Parque Natural Desierto de Tabernas. Los amaneceres cobran tintes sobrenaturales en este extremo suroriental de la provincia de Almería cuajado de contrastes paisajísticos y envuelto en enigmática belleza. La candidez de sus playas vírgenes, amplias y serenas o recoletas y solitarias, cohabitan con áridas formaciones volcánicas y recios acantilados cortados junto agrestes elevaciones que penetran brusca o dulcemente en el mar que le mece para formar parte de la transparencia de sus paisajes submarinos. Todo un paraíso para los ávidos de imágenes inolvidables.

Parque Nacional de Doñana

El mítico Betis perfila con nostalgia la bella ciudad de Sevilla y luego se enfrenta a su desenlace con solemnidad, parsimonioso y encorsetado. Sabe que se precipita hacia su muerte en el Atlántico, un océano anhelante que incluso se adentra en tierra para salir a su encuentro. Antes del fin tiene que atravesar la infinitud de la marisma, un espacio extenso y llano de tierras de aluvión surcado por una red de arroyos y caños que entregan hasta su última gota de agua al decorado. En Puebla del Río el Guadalquivir inhala la brisa marina y respira hondo antes de irrumpir en la voluptuosidad del paisaje tendido. En la lejanía y sumergido en un desconcertante hermetismo, el Parque Nacional de Doñana aguarda al Señor de las Marismas. Parece un calidoscopio gigante de agua, matorral, arena y pino donde los elementos entablan diálogos sugerentes. Océano y río conversan de tú a tú en la llanura; el viento espolea a las dunas de vida errante o riza la superficie líquida de la marisma silbando entre los carrizos; una bandada de pajáros blancos y negros invade un alcornoque que habia desplegado sus poderosas ramas al atardecer, otra pareja de gamos permanece semioculta en el matorral y observa temerosa al águila imperial rasgar el azul del cielo; pinos de fuste se proyectan escuetos sobre las láminas encharcadas de la marisma, mientras flamencos y espátulas buscan en ellas alimento con la cabeza en tierra; una luz mágica enfatiza la estampa de un majestuoso alcornoque que se proyecta contra el horizonte eterno o ilumina un bosque de piñoneros que sale de su aislamiento y se integra de nuevo en el contexto; una cierva busca la sombra en la frondosidad del coto sin bajar la guardia; la soledad se materializa en un desierto de dunas sin más huella de vida que la que el aire deja monótona sobre la tibia arena; la inmensa horizontalidad de la marisma, tan pronto cuarteada por la sequía como inundada de agua salada, hace frente a su versatilidad con el escepticismo propio de las gentes del sur; miles de pájaros levantan el vuelo a nuestro paso desbaratando la quietud del espacio y el tiempo; el gato, como llaman los marismeños al lince, sale de su covacha al ocaso y se desliza sigiloso y elegante

Para llegar al Atlántico el río Guadalquivir se pierde en un sinnúmero de brazos que cruzan estas tierras y crean una amplia marisma que es hoy Patrimonio de la Humanidad.

Almonte
Aº Algarrobo
Regajo de la Parrilla
Aº de la Mayor
Villamanrique de la Condesa
Chilla
Río Guadiamar
El Algarrobo
Lª de Matafuima
Lª de San Lázaro
Lª de los Derramaderos
HUELVA
SEVILLA
Arroyo de Pedro Gómez
Arroyo Caño de la Venta
Los Tarajales
Arroyo del Partido
Lª de la Lengua
Lª de la Anguila
Partido de Resina
Cortijo del Partido
Palacio del Rey
Caño de Guadiamar
Lª del Rey
Caño Bermejo
Brazo de la Torre
Arroyo de Cañada Mayor
Caño Pescador
El Rocío
Junta de los Caños
La Sarteneja
Cortijo los Minbrales
Marisma del Rocío
Matalasgordas
Puntales
Marisma de Aznalcázar
Playas de S. Isidro
El Arrecife
Marisma de Doñana
Marismas Gallegas
MARISMAS DEL GUADALQUIVIR
Casas de Veta la Palma
Matalascañas
Marisma de Hinojos
Vuelta del Matochar
Lucio de Mari López
Lucio del Caño de la Sal
Playa de Matalascañas
Palacio de Doñana
Madre de las Marismas del Rocío
Lucio del Caño Nuevo
Lª de Santa Olalla
La Cuba
ISLA MAYOR
Las Nuevas
Lucio Real
Torre Carbonero
Lucio de los Ansares
Los Ceniceros
SEVILLA
CÁDIZ
OCÉANO ATLÁNTICO
Las Salinas de S. Diego
Marisma del Chaparral
Torre de Zalabar
Corral de Zalabar
0 2.500 5.000 m
N
HUELVA
CÁDIZ
Casa de las Salinas
Casas de las Marismillas
La Algaida
Faro de S. Jerónimo
Torre de S. Jacinto
Bonanza
Punta de Malandar
Sanlúcar de Barrameda
Cast. del Espíritu Santo
La Florida
Cabeza Gorda
Cortijo de Pozuela Alta
La Jara
Cortijo del Olivillo
Tabajete
HUELVA

PARQUE NACIONAL DE DOÑANA (Huelva)
Aracena
Villanueva de los Castillejos
Zalamea la Real
Palma del Condado
Gibraleón
Ayamonte
Moguer
HUELVA
Matalascañas

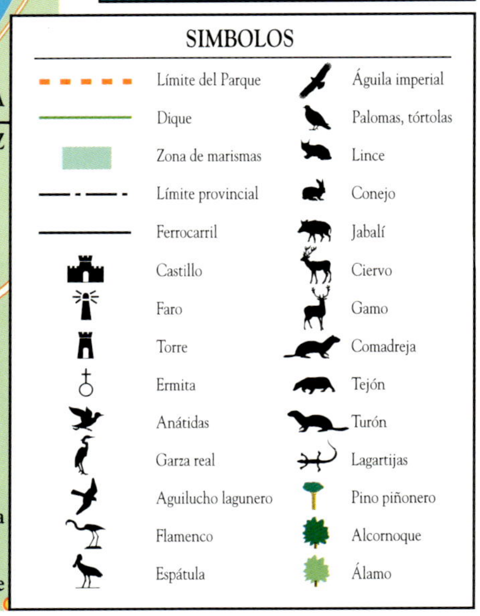
SIMBOLOS
Límite del Parque
Dique
Zona de marismas
Límite provincial
Ferrocarril
Castillo
Faro
Torre
Ermita
Anátidas
Garza real
Aguilucho lagunero
Flamenco
Espátula
Águila imperial
Palomas, tórtolas
Lince
Conejo
Jabalí
Ciervo
Gamo
Comadreja
Tejón
Turón
Lagartijas
Pino piñonero
Alcornoque
Álamo

Los flamencos se han convertido en un símbolo de Doñana. Más de cien mil llegan aquí cada primavera. Uno de sus lugares favoritos para el descanso es la Venta de la Palma

entre la espesura del jaguarzo blanco; el silencio, regla de oro en Doñana, queda roto por el piar de los milanos, las exclamaciones guturales de las garzas, las estridencias de la cigüeñuela, el griterío de patos y gansos... Los paisajes y las escenas se superponen en esta tierra de toros bravos en cuyo hechizo repararon monarcas, nobles y damas, artistas y políticos, científicos y cazadores que forjaron su historia con pactos de sangre.

Tiempo ha que en Doñana no se pega un tiro... Nadie en su sano juicio penetra en este recinto sagrado escopeta en ristre, aunque los paisanos de más de sesenta años aún recuerdan los precios convenidos por eliminar a las entonces tachadas de «alimañas». ¡Nada menos que veinte pesetas por lince, el botín más cotizado, y diez por cada águila imperial derribada!. El resto de los trofeos eran pura calderilla: cuatro pesetas por una culebra, cinco por un milano y tres por un cernícalo. Pero la veda se levantó en Doñana hace ya muchos siglos... Aunque sus cualidades cinegéticas no debieron pasar inadvertidas a los musulmanes, su institucionalización como santuario de la caza llega con la Reconquista. Tiempo atrás, los pueblos que habitaron estas tierras vivían de la pesca, especialmente del atún. Durante la dominación romana se exportaba por toneladas a la capital del Imperio junto a una especialidad bética lla-

DATOS DE INTERÉS

Denominación: Doñana.

Clasificación: Parque Nacional.

Situación: Al suroeste de la Península Ibérica, entre las provincias de Sevilla, Cádiz y Huelva.

Superficie: 50.720 hectáreas más 26.540 hectáreas de áreas periféricas de protección.

Límites: Términos municipales de Almonte, Hinojos, Villamanrique, Aznalcázar y Puebla del Río.

Especies animales más comunes:
Pato real, Pato cuchara, Porrón común, Somormujo lavanco, Zampullín chico, Calamón, Milanos, Aguilucho lagunero, Pato colorado, Cerceta pardilla, Águila imperial, Lince, Focha común, Flamenco, Garzas, Espátula.

Especies vegetales más comunes:
Jaguarzo blanco, Pinos, Retamas, Romero, Jaras, Álamos, Eneas.

Características que lo hacen especial:
Riqueza faunística y ecológica.
Reserva de la biosfera de la UNESCO.
Zona húmeda de importancia para las aves.
Diploma europeo del Consejo de Europa.
Zona Z.E.P.A.
Patrimonio de la Humanidad.

Organismo o entidad responsable de su gestión:
Ministerio de Agricultura, Pesca y Alimentación (MAPA).

Equipo humano que trabaja en el:
1 director–conservador.
Técnicos.
Agentes forestales.
Personal para información y atención al visitante..

Acceso: Libre y gratuito a través de los centros de visitantes. En la actualidad existen 5 centros (Acebuche, Las Rocinas, El Acebrón, José Antonio Valverde y Fábrica de Hielo), que se encuentran en los límites del Parque, abiertos todos los días del año, en horario ininterrumpido de mañana y tarde.

mada «gallum clásico», una pasta preparada a base de caballa muy apreciada entre los tribunos. De los romanos pasa a los visigodos y con los árabes forma parte de la jurisdicción del reino taifa de Niebla. Tras la conquista del reino de Niebla en 1262, Alfonso X establece en Las Rocinas su Cazadero Real y erige la hoy desaparecida ermita de Santa Olalla junto a la laguna del mismo nombre. El acontecimiento queda registrado en las Crónicas del Sabio, donde lo define como cazadero, y a partir de este momento se desposará con la aristocracia hasta bien entrado el siglo XX. En 1293 Sancho IV el Bravo otorga a Alonso Pérez de Guzmán, el Bueno para más señas, el señorío de Medina Sidonia en premio a su sacrificada defensa de la plaza de Tarifa. La donación de la suculenta tajada, comprendida más o menos entre Arenas Gordas y la desembocadura del Guadalquivir, resulta un tanto ambigua. La vara de medir fue auditiva y abarcaba a todas aquellas tierras donde se oyera el tañido de una cuba de cobre en medio del campo. Juan Alonso, primogénito del primer señor, engorda su

El sendero para visitantes que parte del Centro de Acogida de Las Rocinas, discurre entre grandes árboles. En los observatorios pueden verse calamones, cercetas, pollas de agua y porrones comunes.

patrimonio con cuatro nuevas dehesas que le dona Fernando IV el Emplazado en el siglo XIV. La influyente saga de los Pérez Guzmán, en cuyas manos permanecerá Doñana tres centurias más, accederá al título de condes de Niebla a través de Enrique II en 1369 y al de duques de Medina Sidonia en 1445 con Juan II. A mediados del siglo XIV Alfonso XI el Justiciero saca a la luz su Libro de la Montería, en el que se deleita en el versátil paisaje de Las Rocinas durante las cuatro estaciones y deja constancia de la superabundancia de jabalíes. Los Reyes Católicos entran en escena en 1493 para donar la Madre de las Marismas del Rocío a su secretario de Hacienda, cuyo hijo se la vende más tarde al Concejo de Almonte. (Este hecho traerá cola... La ambiguedad de sus límistes y propiedades obliga al Concejo de Almonte a entablar un pleito con los Medina Sidonia que tardará un siglo en solventarse). En 1495 el tercer duque de Medina Sidonia decide repoblar con venados el ya denominado Bosque, donde campan por sus respetos jabalíes, toros y lobos. (Casi un siglo más tarde se instará a los vecinos de Hinojos para que todo hombre en edad de portar armas salga al campo a matar a los lobos de la isla Mayor y Menor). En las Reales Cédulas de Fernando el Católico, Carlos I y Felipe II se reseña como Coto Real del Lomo del Grullo y Las Rocinas. Pero el Coto del Rey, nombre que acabará por imponerse, se verá mutilado cuando tras sucesivas donanciones, pierda el Bosque o Coto de las Rocinas, cuna del futuro Doñana, y los bienes de propios de Almonte. Tanto es así que

En la laguna de las Rocinas, en esta doble página, se encuentran bosques mediterráneos de pinos. Este lugar es el favorito de las anátidas como los patos real y cuchara, el porrón común y el somormujo lavanco.

por Real Cédula de 1553 Felipe II amplifica el encogido cazadero monárquico en una legua a la redonda.
En 1587 se produce un suceso de trascendencia ecológica. Un guarda entrega en primicia al séptimo señor de Medina Sidonia, Generalísimo de la Armada Invencible, la primera lista de pájaros que anidan en la laguna de Santa Olalla. El aristocráta arrienda la caza de conejo con la expresa condición de que no dejen ni uno en su coto de las Rocinas. (¡Que disgusto para el lince!). Para sacarse una espina familiar e histórica compra al Concejo de Almonte las tierras que se expanden desde la boca del Guadalquivir hasta el caño de la Raya y el Charco del Toro, las mismas que los almonteños habían arrebatado a los suyos con la ley en la mano tras el famoso pleito centenario. Escucha los ruegos de su esposa Doña Ana de Mendoza y Silva y levanta un discreto palacio llamado la Casa del Bosque, entre cuyos muros se destierra la dama en 1599 desde Sanlúcar de Barrameda. Es hija de la intrigante princesa de Éboli y huye de la imagen materna que la atormenta y se entrega con fruicción a la soledad, la meditación y el retiro. Unos dicen que por ella empieza a llamarse Bosque o Coto de Doña Ana, pero otros argumentan que fue en honor a Doña Ana de Mallarte, cuyo acomodado marido de profesión ganadero alquiló al duque por unos años los pastos de Las Rocinas. De padre inglés, era una hembra de rompe y rasga que cual solitaria amazona cuidaba de sus reses y los parajes que frecuenta empiezan a ser conocidos como Hato de Doña Ana. Fuera quien fuera la inspiradora, el caso es que por una

Estas tierras fueron propiedad de Guzmán el Bueno, los duques de Medina-Sidonia y la duquesa de Alba. Aquí cazaron reyes y nobles.

En las orillas de los arroyos se suceden brezos, helechos, tojos y zarzas. Esta es una zona de pinos piñoneros acompañados de acebuches y lentiscos.

cuestión de economía linguística muy extendida en estas tierras, Doña Ana se transforma en Doñana. Fray Martín Céspedes relata en una relación de 1624 la «memorable» visita de Felipe IV. En la primavera de ese año los duques agrandan su modesta morada, que es la que hoy se conserva, para alojar a tan distinguido invitado. Se hicieron escrupulosos preparativos para una estancia real de varias semanas y cuentan las crónicas que para conservar las viandas y elaborar helados y sorbetes se trajo nieve de la sierra de Ronda en relevos de mulas. Hubo fuegos artificiales, cacerías, monterías, corridas de toros, función de teatro y hasta consejo de ministros. Llevó consigo un abultado séquito, entre los que brillan su valido el Conde-Duque de Olivares y el mordaz Quevedo, que ensaya una aproximación a la Corte pero pronto perderá el favor del abúlico rey. En los tres días que permaneció el monarca en Doñana arremetió contra todo lo que se meneaba... San Huberto, patrón de los cazadores, y la abundancia le acompañaron. Lanceó jabalíes, agotando a los caballos tras largas persecuciones; cazó flamencos y ánades a bordo de una falúa en la laguna de Santa Olalla; mató venados, toros, vacas salvajes... En 1729 y con ocasión de su estancia en Sevilla, Felipe V se deja caer por su coto real del Lomo del Grullo, así como por el ducal de Doñana. Este primer Borbón fue mucho más comedido y se limitó a pescar en la laguna de Santa Olalla. En el último tercio del siglo XVIII los «eco-duques» ordenan confeccionar dos inventarios: uno de los árboles y plantas

de cada dehesa y otro dedicado a hierbas, animales y pájaros. El Coto de Doñana contribuye a la ciencia y así lo hace constar el marqués de Campoamento a la Real Sociedad de Amigos del País de Sevilla en 1779. Les cuenta que distintas especies habían sido enviadas al que fuera el último duque de Medina Sidonia, quien a su vez se las hacía llegar al Padre Maestro Fray Manrique de Flores que trabajaba por entonces en su Historia Natural de España. Ante la ausencia de descendencia masculina, el título ducal pasa a la poderosa saga de los Álvarez de Toledo. A manos de la bella Doña Pilar Cayetana, duquesa de Alba, llega el Coto tras esposarse con José María Álvarez de Toledo, marqués de Villafranca del Bierzo y de los Vélez, duque de Fernandina y de Medina Sidonia. Convertida en viuda muy joven se retira a Sanlúcar de Barrameda con sus pesares. Allí acude el sublime Goya en busca de la sublime Cayetana en 1797 y ambos se dirigen a Doñana. Junto a los jaguarzos de la laguna de Santa Olalla le hace un retrato vestida de maja, lienzo que hoy puede admirarse en Nueva York. ¿Pero pintó también a las «dos majas tumbadas» con la duquesa como modelo?. Ese es otro de los muchos secretos que Doñana guarda para sí.

Con el siglo XIX la monarquía y la nobleza pierden la exclusiva sobre Doñana. Sus aderezos naturales seducen a científicos e intelectuales de todo el mundo que en plena fiebre del romanticismo buscan con ardor paraísos perdidos. El británico Robert Dundas Murray cuenta algunas anécdotas de Doñana en su «*The Cities and Wilds of Andalusian*», entre ellas el terror sembrado por un ser fantasmagórico que resultó ser uno de los camellos traídos de Canarias por el marques de Villafranca del Bierzo en 1829. Una pequeña acuarela de Richard Ford da testimonio de la indumentaria de un grupo de guar-

El pato colorado, en el dibujo de esta página, es una de las anátidas que tienen aquí un lugar protegido para escapar de los cazadores que en otros lugares lo persiguen..

das de 1831. Lucen calzón corto y polaina abierta, chaleco de cuatro bolsillos y montera redonda o pañuelo a la cabeza. Un cuerno de pólvora a la bandolera completa el castizo atuendo. Cecilia Böhl de Faber, que en un mundo de hombres firma sus escritos con el seudónimo de «Fernán Caballero», comenta que ante semejante despliegue de animales no entiende cómo los dueños del palacio no lo contruyeron en forma de Arca de Noé. El interés científico por la fauna de Doñana es ya imparable a mediados de siglo y de él hace mención expresa Antonio Machado y Núñez, catedrático de Ciencias Naturales de la Universidad de Sevilla, en su «*Catálogo de las aves observadas en algunas provincias de Andalucía*» de 1854. Las joyas de la corona siguen desfilando: en 1863 llega, en buque de guerra, la emperatriz Eugenia de Montijo y ve en directo el alanceamiento de un jabalí; el archiduque Rodolfo de Habsburgo, principe heredero del Imperio Austro-Hungaro, acude siete años más tarde y su séquito recolecta huevos de flamenco en la marisma; Alfonso XII mata su curiosidad en 1882... Entre 1870 y 1900 los museos de Historia Natural causan furor en Europa y los acapadores de huevos y pieles se ponen las botas en Doñana, tanto en botín como en estragos. En 1883 Doñana y Abel Chapman se conocen y el flechazo es recíproco. Este británico apasionado de la caza, estudia con esmero a sus presas y también a los pájaros, reptiles, insectos y plantas que moran en el Coto. Será el primero en apuntar el carácter euro-africano de su fauna y su importancia como descansadero de aves migratorias entre Europa Occidental y Norte de África. Dará buena cuenta del coto andaluz en sendos capítulos de sus libros «*España Agreste*» y «*La España inexplorada*», escritos al alimón con Walter J. Buck, vicecónsul británico en Jerez de la Frontera. En 1899 R.B. Lodge, el primer fotógrafo naturalista que pisa estas tierras, inmortaliza Doñana y repetirá su sesión fotográfica en 1905. Desde Abel Chapman, los británicos en busca de huevos de aves para su estudio se suceden. En 1915 acude W.M. Farren y D. Beetham, y el coronel Willoughby publica su libro «*My life among the wild birds in Spain*».
Al despuntar el siglo XX, es un habitual Luis Feli-

Arriba y a la izquierda, dos imágenes del Centro de Información de El Acebrón. Abajo la ermita de El Rocío. Doñana se llena todos los años en Pentecostés, de romeros que acuden a cantar a la Blanca Paloma.

pe Roberto, duque de Orleáns y fustrado pretendiente al trono francés quien viene El doctor Récamier, su médico y acompañante, describe en sus libros la caza de pato con cabestro que presenció en aquel edén a bordo de una patera. En mayo de 1900 Guillermo Garvey compra parte del Coto al conde de Niebla, aunque aseguran las malas lenguas que se lo ganó a las cartas. En 1901 mata a su primer venado Antonio Maura, aspirante a jefe del partido conservador. Abel Chapman, Walter J.Buck, Alejandro Willians y Pedro González de Soto, marqués de Torre Soto crean «*Los Escriturarios*», una

modesta sociedad de monteros que arrienda el coto a Guillermo Garvey. (Ésta será la primera piedra de la muralla que se levantará para defender Doñana). Organizan cinco monterías al año y a la que cerraba la temporada en el mes de marzo, tenían acceso las mujeres. Sobrevivirá hasta 1912, fecha en la que muere José Garvey. Había recibido la cinegética herencia de su hermano Guillermo tres años antes y ahora pasa a su sobrina María Medina Garvey, esposa del duque de Tarifa. El joven matrimonio compra el resto del Coto al Concejo de Almonte por un millón y medio de pesetas y Doñana vive su etapa dorada. El duque es un enamorado de su nueva hacienda y no sólo por sus atributos cinegéticos. Introduce otros animales de los que sólo prosperó el gamo; planta pinos y arbustos en zigzag; traza cortafuegos y rayas de tiro; construye el muelle de la Plancha sobre el Guadalquivir y el exquisito palacio de las Marismillas con sus dos balconadas cerradas; restaura y amplia una vez más el viejo palacio de Doñana, en cuyo patio levanta la capilla de la Virgen del Carmen... Sus famosas monterías fueron paradigma de escrupuloso mimo, hasta el punto que Alfonso XIII no se las pierde en dieciseis años consecutivos. Al mismo tiempo, vela por la conservación de todas las especies a través de sus guardas. Fue también mecenas del arqueólogo Adolf Shülten, costeándole las únicas excavaciones arqueológicas que se han realizado en el coto entre 1923 y 1926. El ilustre huésped estaba convencido de que la mítica civilización de Tartessos tenía su epicentro en Doñana. No pudo demostrar su teoria pero salió a la luz un yacimiento romano en el Cerro del Trigo, donde se encontraron restos de un hemiciclo de nueve metros, dos columnas de mármol, ánforas, vasos, monedas de Marco Aurelio, Veluciano, Constancio III, sepulturas, inscripciones funerarias y piletas de una fábrica de salazón. También sale a la luz un anillo de bronce con inscripciones griegas arcaicas datable en el siglo VI antes de Cristo, asi como vasijas, trozos de tuberías de barro y botellas de origen musulmán, al norte del arroyo de las Rocinas.

Desde la Reconquista, las marismas integraban los bienes propios de los pueblos periféricos,

pero entre 1834 y 1855 se les aplica la famosa Desamortización civil y caen en manos privadas mediante subasta. En los años veinte entra en arena la burguesía y a partir de 1923 estos nuevos propietarios montan poderosas empresas de explotación para endulzar sus aguas y ensayar cultivos. Finalmente, se impone el arroz a gran escala y en el paisaje marismeño se levantan poblados arroceros. En 1931 fallece el duque de Tarifa y la flamante Républica acomete un primer intento de expropiación y parcelación del coto. Dos años más tarde abandona este mundo la duquesa y lo adquiere su hermana Blanca Medina Garvey, marquesa de Borghetto. Con un sexto sentido ecológico, el marqués de Bonanza, Salvador Noguera y el marqués de Mérito le compran dieciseis mil hectáreas de la parte norte en 1940 y constituyen la Sociedad del Coto del Palacio de Doñana. Su intuición es certera porque durante la dictadura franquista Doñana se ve asediada en su integridad biológica en aras de un progreso malentendido. La amenaza se cierne en forma de anteproyectos de carreteras que pretenden desgajarla, de descabellados planes para desecar la marisma y sembrarla de algodón... En 1952 el Patronato Forestal del Estado se propone expropiar sus tierras con la descabellada idea de repoblarlas de eucaliptos y guayules. La aristócrata troika consigue llegar con sus súplicas hasta el mismísimo Franco y el siniestro Instituto Nacional de Colonización da marcha atrás. Poco después el ejército pone sus ojos en Doñana como campo de maniobras, pero se desecha gracias a la intervención del marqués de Bonanza y su hijo. Para-

Caballos y toros bravos han tenido siempre su lugar de pastoreo en estos campos. Los primeros son también indispensables para recorrer buena parte de los humedales.

lelamente, estos mismos hombres abrieron de par en par las puertas de Doñana a la ciencia. En 1952 dan la bienvenida a los científicos Bernis y Valverde, que con la prestigiosa Sociedad de Ciencias Naturales «Aranzadi» de San Sebastian se lanzan al estudio del Coto y al anillamiento de aves. En este mismo año también reciben a una expedición de ornitólogos del Museo de París y a muchos grupos británicos, en uno de los cuales viaja Julian Huxley, Premio Nobel de Biología. La presión por transformar el rostro natural de la marisma se recrudece y el profesor José Antonio Valverde emprende la noble cruzada de convertir Doñana en un espacio protegido. Para ello echa mano de un puñado de pioneros ecológicos, extrañas criaturas entonces, como Huxley, Hoffman, el presidente del Internacional Wildfowl Researth Bureau, el secretario general del CSIC... Sus contactos cuajan y en 1956 se realiza la famosa expedición científico-conservacionista inglesa alentada por el prestigioso Mountfort. Repitieron al año siguiente y Doñana se presenta en sociedad a través de libros, películas, artículos, ensayos, fotografías... La comunidad científica internacional cae rendida a sus pies y en 1961 se funda en Londres la World Wildlife Fund, que dos años más tarde compra seis mil doscientas ochenta y siete hectáreas y se las traspasa al Consejo Superior de Investigaciones Científicas (CSIC) en calidad de Reserva Biológica. (Esta fundación cuenta hoy con más de cinco millones de socios repartidos por todo el mundo). En el mismo palacio de Doñana se instala la sede de aquella Estación Biológica que, dirigida por Valverde desde su botadura en 1964, se entregará en cuerpo y alma al estudio biológico del Coto. A continuación se crea la Delegación Española de W.W.F (Fondo Mundial para la Conservación de la Naturaleza), ADENA, presidida por el entonces príncipe de España. En el mes de mayo de 1969 esta entidad adquiere tres mil doscientas catorce hectáreas en la llamada Marisma Gallega o de Aznalcázar y, convertida en Reserva del Guadiamar, cede su gestión a la Estación Biológica. La tan anhelada declaración de Parque Nacional se hace realidad en agosto de ese mismo año. Bajo la jurisdicción del CSIC encierra treinta y

siete mil hectáreas, repartidas entre las provincias de Huelva y Sevilla. Como no podía ser de otra forma, se nombra su Conservador al profesor Valverde. En 1971 nace ICONA, primer organismo oficial encargado de proteger la naturaleza, y un año después se crea dentro del Parque, el Refugio Integral que abarca la Reserva Biológica de Doñana, parte de las marismas de Hinojos y la Reserva de Guadiamar. El cargo de Conservador se reserva para un funcionario de ICONA y la potestad del Parque viaja del Ministerio de Educación y Ciencias al de Agricultura. Javier Castroviejo será el nuevo director de la Estación Biologica de Doñana. De nuevo cunde el pánico ante la construcción de la carretera Cádiz-Huelva y la Comisaría de Aguas del Guadalquivir cede al CSIC veinte kilómetros de cauce del Brazo de la Torre. En 1978 los dominios del Parque Nacional se ensanchan hasta sus actuales cincuenta mil setecientas veinte hectáreas y una Ley Reguladora de Doñana, de 1979, contempla la creación de zonas periféricas de protección o Preparque.

Huelva, Sevilla y Cádiz enmarcan un triángulo mágico sobre el suroeste de la Península Ibérica donde se impone con fuerza el paisaje espejado de las Marismas del Guadalquivir. Este inmenso equilátero que se abre del par en par al sur de Sevilla queda delimitado por los llamados cotos, grandes extensiones de carácter arenoso tapizadas de denso matorral. Por el norte contornean sus límtes el Coto del Rey, el Hato del Ratón y el Hato Blanco, partes integrantes de un rosario de poblaciones onubenses y sevillanas: Almonte, Hinojos, Villamanrique, Aznalcázar y Puebla del Río. Por el suroeste se enfrenta con el horizonte atlántico con el Coto de Doñana y las Marismillas en primer plano. El costado oriental de la marisma se circunscribe a la margen siniestra del Guadalquivir y tras atravesar su cauce, logra ponerse en contacto con las campiñas sevillanas de Los Palacios, Utrera, Las Cabezas y Lebrija, y con las gaditanas de Jerez de la Frontera, Trebujena y Sanlúcar de Barrameda. Cuando el siglo XX entra en escena con aires de desarrollo, su salvaje fisonomía se desfigura para siempre. Los cotos septentrionales y una parte significativa de la marisma norte y este sucumben ante la puesta en marcha de cultivos intensivos de frutales, arroz o algodón. Los ecosistemas originales de la que fuera vasta desembocadura del «río grande» de los árabes quedan reducidos a su órbita suroeste, donde por fin y tras años de incomprensión y asedio toma las riendas de su destino el Parque Nacional de Doñana en el año de gracia de 1969. Su riqueza faunística es inconmesurable y los reconocimientos se acumulan en su abultado curriculum ecológico. La flor y nata de los humedales españoles ha sido clasificada de Importancia Excepcional entre las existentes en Europa Occidental y Norte de África en el proyecto

El entorno de marismas que rodean al Centro de Visitantes «José Antonio Valverde», es especialmente interesante. La zona es conocida como «Cerrado Garrido»

MAR y Zona Húmeda de Importancia Internacional para las Aves (ZEPA). En 1985 recibe Diploma Europeo del Consejo de Europa, la UNESCO le declara Reserva de la Biosfera y en 1994 saborea la gloria convertido en Patrimonio de la Humanidad. Este acogedor enclave de invernada, de paso y de cría para muchos alados congrega a más de doscientas cincuenta especies de aves entre migratorias y sedentarias, algunas de ellas por millares. En 1997 se censaron trescientas mil aves acuáticas, pero en 1992 alcanzaron la astronómica cifra de quinientos noventa y dos mil ejemplares. Con la brújula que llevan insertada en lo más íntimo, las aves se transmiten los vericuetos de sus rutas de generación a generación y Doñana está escrito en su código genético con letras de oro. Es el último reducto europeo del águila imperial y el lince, los depredadores por excelencia del bosque y el matorral mediterráneo que actúan como máquinas de precisión ante los conejos, pero también del bello calamón de color negro azulado y cabeza carmesí o de la focha cornuda. Además, acoge en su regazo a las poblaciones más populosas de meloncillos, flamencos, garzas, espátulas... Algunos como el morito, que no criaba en el Parque desde 1935, han vuelto en primavera. Este pequeño ibis oscuro con tornasoles violáceos desapareció del continente hace una década y hoy tiene instalada en un eneal de Doñana una modesta colonia.

En su condición de santuario ecológico se concentra en sí mismo, escudado tras el Parque Natural Entorno Doñana, un mullido colchón de dunas, pinares y marismas que abarca interesantes parajes de las provincias de Huelva, Cádiz y Sevilla. Este parapeto periférico de cincuenta y cuatro mil doscientas hectáreas favorece la expansión de la fauna del Parque Nacional y en especial de sus grandes predadores, como el lince y el águila imperial que han encontrado un nuevo hogar en los pinares de

Abalario. Este espacio protegido nos cautiva con las dunas fósiles del Asperillo, un espectacular complejo arenoso que se despliega rotundo a lo largo de quince kilómetros, el delicado bosque de pinos piñoneros que corre paralelo a la inmensa playa de Matalascañas o las salinas de Bonanza y el hermoso pinar de La Algaida junto a Sanlúcar, en cuyos bordes descansa la laguna de Tarelo. En ella encontraron refugio las pocas parejas del malvasías que nidificaron en Andalucía durante la última sequía. En los alrededores del Asperillo se alza el monte del Abalario, donde son rehabilitadas ciento setenta lagunas menudas que aunque sólo cobran vida unos pocos meses al año, son decisivas para la conservación de muchas anátidas y limícolas. Al poniente se eleva modesta sobre la llanura, la sierra de Gibalbín y el pueblo de Trebujena, justo al lado de las Mesas de Asta, otro de los pocos altos de los contornos. Las aves han encontrado un pequeño edén en una finca privada de la Veta de la Palma dedicada a la explotación piscícola. Sobre un antiguo arrozal emergen ahora un conjunto de estanques someros, rodeados por un canal perimetral donde se recoge la pesca. Los productivos se defiende de los alados con una malla, pero los que aún conservan su fondo natural concentran a una variopinta avifauna. Con la primavera, los flamencos vienen a diario hasta aquí desde la laguna malagueña de Fuente de Piedra y en invierno se han llegado a censar hasta cien mil pájaros. Además, la Veta de la Palma alberga una población estable de auténticas joyas ornitológicas andaluzas: malvasías, calamones, cercetas pardillas, milanos, halcones, águiluchos laguneros y águilas pescadoras.

El Parque Nacional de Doñana se expande de Oeste a Este, contorneado por la carretera del Rocío a Matalascañas a babor y el Guadalquivir a estribor. La red fluvial del emblemático río andaluz fue antaño mucho más generosa e intrincada en caños y arroyos, pero su potente caudal sigue siendo la columna vertebral del

Parque. Los términos municipales de Almonte, Hinojos y Aznalcázar engordan su patrimonio. Al sur y con el Guadalquivir de por medio, limita con Sanlúcar de Barrameda y hasta tal punto parece haberse detenido el tiempo entre sus fronteras que los sanluqueños llaman a Doñana «la otra banda». Este pueblo gaditano y El Rocío por el noroeste custodian sus puertas principales. Almonte, abanderada de la comarca de Las Marismas, alberga dentro de su jurisdicción a la aldea de El Rocío que se alza altanera junto al arroyo de Las Rocinas entre los cotos de Doñana y Lomo del Grullo. En su mítica ermita se celebra la romería más colorista y concurrida de España, ésa que cabalga sutilmente entre lo religioso y lo profano y en la que se tributa fervor a la Blanca Paloma, patrona de los almonteños y de toda Andalucía. Su historia se remonta a los tiempos de Alfonso X el Sabio y a la imagen que depositó en aquella ermita que construyó junto al arroyo de Las Rocinas. En el rifirrafe cristiano-musulman el templo sucumbe al abandono y algún piadoso decide ocultar la primitiva imagen en el tronco de un fresno a finales del siglo XIII. Quiso la Providencia que un cazador de Villamanrique llamado Gregorio Medina descubriera la talla en el siglo XV. Su cara y sus manos están destrozadas y es restaurada dentro de los cánones góticos, revistiéndola después con ricas telas. En el siglo XVIII se transforman los bordados y la estructura del vestido primitivo y, ya hecha una reina, se procede a su coronación canónica en 1919. Cada año por Pascua de Pentecostés, caravanas infinitas de carretas entoldadas y tiradas por bueyes, junto con jinetes y amazonas ataviadas con el traje rociero surcan el amable paisaje de la marisma para rendir culto a la Virgen del Rocío. Casi rozando lo irreverente, miles de romeros procedentes en su mayoría de Huelva, Sevilla y Cádiz agasajan a la Reina de las Marismas al calor del vino, el cante y el baile ante el asombro de un sereno Parque Nacional que por unos días sale de su hermetismo y se incorpora a la fiesta.

Acariciado todo el año por un suave clima, el Parque Nacional de Doñana hace gala de un mosaico paisajístico. La dilatada playa y sus dunas ambulantes se amalgaman con el encanto del coto, donde el matorral mediterráneo ancla al suelo a la huidiza arena y se cubre de lagunas y bosques de pinos, y el espejo infinito de las marismas. Tras la masificada playa de

Los huevos de flamenco fueron muy apreciados en otro tiempo. Aquí los recogió en 1870 el archiduque Rodolfo de Austria, hijo de Francisco José y Sissí.

Matalascañas, treinta kilómetros de litoral virgen se suceden sin estridencias hasta la punta del Malandar, limite sureste del Parque. Aves marinas y marismeñas colman su cielo en estruendoso comadreo, en especial gaviotas sombrías y argénteas, zarapitos, charranes, ostreros, gaviotas de Audouin y negrones. El chorlitejo patinegro es el único alado que anida a su abrigo, pero en sus largos paseos se llegan hasta aquí víboras, milanos negros, cuervos y zorros. Doñana se asoma al océano Atlántico a través de sus tres grandes torres-vigía que a duras penas se mantienen en pie dispersas a lo largo de su salvaje playa. Levantadas en el siglo XVI, formaban parte de un ambicioso plan defensivo que contemplaba la construcción de cuarenta torres de almenara desde Gibraltar a Ayamonte para plantar cara a los despiadados corsarios turcos. La primera se alza en mitad de su perímetro litoral y responde al nombre de Carbonero. Esta mole pétrea donde anida desde hace años una pareja de halcones peregrinos marca la linde entre dos fincas históricas: la del Puntal y Las Marismillas. Siguiendo por la inmensa playa de Castilla topamos con la Torre Zalabar y ya casi enfrente de Sanlúcar, la de San Jacinto desafía al horizonte atlántico. De espaldas al océano y en paralelo a la costa, brotan las enigmáticas dunas vivas que en su avance lento pero inexorable sepultan cualquier obstáculo que les sale

Los venados los había introducido en Doñana el tercer duque de Medina Sidonia. Antes había jabalíes y lobos que este noble mandó exterminar.

El duque de Tarifa que obtuvo el coto por herencia en 1912 introdujo nuevas especies de las que sólo se aclimató el gamo. Antes Felipe IV había matado aquí venados y otros salvajes.

al paso, incluidos los pinos. Surgen de las arenas traídas por las olas que azuzadas por el viento atlántico peregrinan hacia el interior de Doñana a una velocidad de unos cinco metros por año. Sobre su frágil consistencia echan raíces el barrón, antes empleado en la construcción de las chozas, la sabina, la clavellina, la artemisa, la camarina y el enebro, que antaño formaba verdaderos bosquetes sobre la arena. Sus habituales son la lagartija colirroja, la víbora, la culebra bastarda y el alacrán, aunque también dejan su delatadora huella jabalíes, linces, ciervos y águilas imperiales. La arena también esculpe sobre la playa las llamadas «naves», es decir, viejos frentes de dunas de cierta altura que se han detenido para siempre, como las Naves de Carboneras, de Zalabar o del Inglesillo.

Vivas o muertas, las dunas son las únicas que se atreven a romper la horizontalidad del paisaje y con más de cuarenta metros de altura brindan su mejor espectáculo en el Cerro Grande y en el Cerro de los Ánsares. Estas elevaciones vuelven locos a los ánsares. A la salida del sol llegan cientos de escuadrones desde todos los rincones de Doñana con gran estruendo. Se posan sobre sus impolutas arenas y empiezan a devorar arenilla para hacer frente a las pesadas digestiones de las «pelotas» de castañuela. Esta cadena de dunas andarinas se extiende a lo largo de medio kilómetro y avanza paralela a la retuerta de la marisma y del Caño de la Madre de las Marismas, que brota frente al Rocío y recorre kilómetros para morir cerca del Lucio de Vetalengua.

Tras las amenazantes dunas móviles aparece el triple esplendor del coto: complejos arenosos cuajados de matorral mediterráneo que aquí reciben el nombre de «corrales», bosques de pinos y lagunas o charcos donde unos y otros se reflejan. En los corrales reina el monte blanco, una abigarrada asociación vegetal capitaneada por el jaguarzo blanco y numerosas plantas aromáticas como el romero, el almoraduz, la lavanda... El jaguarzo blanco es un arbusto de tono verde pálido que con la floración tiñe Doñana de amarillo brillante. En las zonas más deprimidas también florece el monte negro con el brezo como matriz maestro de ceremonias. El

Corral del Cristalino, del Francés, de la Aulaga o el exultante Corral de la Víbora sirve de botón de muestra, pero el Corral del Cerro del Trigo se lleva la palma como uno de los más poderosos del Parque. Dueño de un gran bosque de pinos entre mirtos y lentisco se prolonga varios kilómetros desde el Lucio del Membrillo hasta la punta de la Angostura. Los pinares de San Agustín, Navazo del Toro o Porquera del Fraile engalanan el Parque por su frontera occidental y se prolongan hacia el este por la finca del Puntal hasta llegar a las Marismilla donde se yerguen los inmensos bosques de pinos del Coto, envueltos en penetrante aroma. (¿Serán éstos los que lloran en el fandango despidiendo a las carretas rocieras?). La reiterada presencia de las coníferas en Doñana responde a las numerosas repoblaciones acometidas por los duques de Medina Sidonia. El manto vegetal del coto se completa con la retama, el romero, la jara, el madroño, el cantueso o las escoberas amarillas, y se elevan aquí y allá los ancestrales alcornoques que fueron destronados por el pino, acebuches, fresnos, sauces, sabinas, enebros....

La carpa, la anguila, la víbora, el sapo de espuelas o la tortuga ciega frecuentan las aguas del coto; medio centenar de linces, junto con gamos, tejos, conejos, zorros, jabalíes, ginetas y ciervos se debaten entre el bosque y el matorral bajo la penetrante mirada del águila imperial, el cernícalo, el buitre leonado, el águila culebrera o el milano real, junto a chotacabras, perdices rojas, palomas torcaces, urracas, zorzales... En la zona de confluencia entre los cotos y la marisma, surge la vera, un rico biotopo de variada fauna que suele verse tapizada de monte negro con alcornoques, álamos y helechales, o de verdes prados donde encuentran sitio lirios y juncos. Como un reguero de vida, las lagunas se depliegan en paralelo a la cadena de dunas del litoral bajo los nombres de Santa Olalla, Dulce, Taraje o Charco del Toro... Se llama «charco» en estas tierras a los ensanchamientos naturales que recrean los cauces de los arroyos en su transitar por parajes dispares. En algunos de estos humedales el agua permanece a flote durante todo el año y con el estío ven secarse a la marisma impotentes. Álamos y

«Un fragmento de alguna soledad salvaje africana, desgajada y preparada para nuestro beneficio en este rincón remoto de Europa». Así definía el inglés Chapman a Doñana.

tarajes ribetean con profusión sus contornos, mientras la vegetación palustre, integrada sobre todo por aneas, decora su superficie. A su húmeda hospedería acude el pato real, el pato cuchara, el porrón común, el ánade friso, el somormujo lavanco, la malvasía o el zampullín chico, junto a rapaces como el milano y el aguilucho lagunero. En verano suele anidar entre los carrizos el avetorillo común y si la suerte acompaña veremos pulular entre las aneas a una de las joyas del Parque. Se trata del hermoso calamón de cabeza roja trajeado de verde y morado. El arroyo de las Rocinas, que en su desembocadura da vida al Charco del Perchel, se erige en protagonista acuático de Doñana con una estela de aproximadamente veintiseis kilómetros. Después del agua de lluvia, su caudal es el que apacigua la sed de la marisma inundandola de nueva sangre transparente. A lo largo de su cauce se congregan los últimos bosques de ribera del Parque, que en algunos tramos incluso irrumpen en las aguas más profundas. Sauces y fresnos se disponen en galería y junto con arbustos y hierbas forman un espeso manto vegetal de singular temperatura y humedad. La luz escasea y todos compiten por alcanzarla, situación que aprovechan las trepadoras para coronar las copas de los árboles a su costa.

Las marismas de Doñana permanecen tumbadas a lo largo de veintiseis mil hectáreas en espera de agua del cielo, de los arroyos, de los caños o de los desbordamientos del padre Guadalquivir. La llamada marisma baja es la que siempre se

Las dunas de El Asperillo forman un espectacular complejo arenoso que se despliega a lo largo de quince kilómetros de la costa atlántica.

deja inundar dulcemente tomada por bayuncos y castañuelas, mientras que la marisma alta sólo se encharca y en su salobridad prende un ejército de almajos, sapinas, carrizos, juncos... Allí se dan cita gallipatos, ranas, sapos, culebras de agua y bastardas, liebres, erizos, comadrejas y un denso gorgojeo de zampullines, somormujos, cercetas, silbones, pollas de agua, fumareles, avocetas, cigüeñuelas, garzas imperiales, aguilucho lagunero y cenizo, flamencos, fochas, porrones... Las mil caras de la Doñana marismeña se desvelan con las estaciones. En octubre la acartonada marisma se muere de sed, pero con las primeras lluvias resucita de nuevo. A su húmedo regazo acuden por millares flamélicos ansares en grandes escuadrones en forma «V» y cientos de miles de patos. Cuando llega el invierno alcanza su cenit y más bien parece un océano interior en el que tan sólo la salicornia logra asomarse a la superficie. Amanecer y atardecer son horas puntas en este gigantesco aeropuerto líquido cuya frenética actividad cesa en el mes febrero, cuando los ansares y las anátidas retornan al norte de Europa. Pero la marisma no se queda sola... Antes de que estalle la vida en Doñana, llegan espátulas y cigüeñas con su acostumbra algarabía, mientras el agua se evapora de forma imperceptible. Con la primavera el bayunco y la castañuela ocultan la lámina líquida de la marisma, convertida ahora en un verde mar. Las tan esperadas lluvias de abril renuevan sus entrañas salobres y da la bienvenida al águila culebrera, al alcotán y al milano negro. Las llamadas pajareras, los alcornoques centenarios de la Reserva Biológica, son literalmente tomados por garzas, garcillas, espátulas, martinetes, cigüeñas.. Como cada año, se produce el milagro de infinitos nacimientos y la enternecedora estampa de los torpes retoños haciendo sus primeros pinitos. El verano acecha y el agua es ya un bien escaso que se resiste a desaparecer en vano. La orografía marismeña revela ahora sus intimidades, mostrándonos las vetas, pequeñas islas de escasa altura, los ojos o resurgencias de fuentes y los lucios, depresiones desnudas de vegetación en el centro de la marisma. En este último accidente geográfico aún pervive el agua en el mes de julio. Uno de los más espectaculares es el Lucio del Membrillo, que entre dunas y pinares se posa como una lámina plateada en el último confín marismeño. Poco profundo y en exceso salobre, casi consigue alcanzar el límite de las provincias de Huelva y Sevilla. Le sigue en extensión y poder de convocatoria ornitológica el Lucio de Mari López al norte del Paque y el de los Ansares en el epicentro de la marisma. El implacable agosto no perdona y el paisaje marismeño se torna un desierto arcilloso sin ningún rastro de vida. Las cigüeñas y los milanos parten a tierras africanas y dejan Doñana sumida en un profundo silencio que el ciervo aprovecha para lanzar al aire su bramido nupcial, la sobrecogedora berrea.

De entre las muchas especies desaparecidas en Doñana no hay que olvidar al hombre de la marisma, portador de unos valores culturales y una peculiar forma de vida que se ha mantenido hasta casi nuestros días como documento etnográfico viviente. Solitario y autosuficiente de necesidad, apechugaba con duras condiciones de vida sin más armas que un caballo, una escopeta y una manta. En su modesta choza,

Para visitar este Parque Nacional, que es uno de los más extensos de España, existen varios servicios de visitas al interior que suponen setenta kilómetros en vehículos todo-terreno.

levantada en las vetas con paredes de piedra y coronada con un tejado de paja y anea, permanecía aislado del mundo, acorralado por lluviosos inviernos, por las riadas primaverales o por la insolación estival. Pero no sólo ellos tenían en Doñana su generosa despensa... Desde tiempo inmemorial, este paisaje aparentemente inhóspito ha desempeñado un papel vital para los hombres de su entorno. La marisma es un extenso territorio casi vacío, rodeado de núcleos muy habitados que han sabido arrancarle fruto durante siglos a estas tierras incultas inundadas en invierno y resecas en verano. Las salinas fueron desde el siglo XVI un poderosa fuente ingresos. Hoy casi desaparecidas, llegaron a ponerse en marcha hasta catorce para abastecer a las industrias gaditanas de salazón del Ducado de Medina Sidonia, exportándose incluso a América del Sur y Noruega. El aprovechamiento tradicional de Doñana giraba en torno a la caza, la pesca, tanto marina como fluvial, y el pastoreo de ovejas churras lebrijanas. Sus habitantes permanentes sacaban tajada al Coto mediante la elaboración de carbón en los «boliches», la apicultura, el piñoneo, la saca de corcho, la recogida de horquillas para las vides, la obtención de «mazacote» o «barrilla» a través de una una pócima en la que se quemaba armajo salado y dulce, y la fabricación de jabón con cenizas de sapina. Pero la marisma se mostraba pletórica de vida a la hora de cosechar preciadas viandas que formaban parte del calendario de subsistencia de las gentes del Bajo Guadalquivir. Se recolectaban plantas silvestres, sobre todo borrajas, espárragos y espinacas, junto

con hierbas aromáticas y medicinales; cuando el calor apretaba venía el acopio de caracoles y el marisqueo de coquinas en la costa; octubre traía las codiciadas setas, en especial tagarninas, champiñones, gallitiernos y setas rojas; en primavera se imponía la recolección de huevos de pato y de fochas, gallaretas para los marismeños, que se vendían por miles a diario en el mercado de Sanlúcar... Esta frenética actividad transcurría en relativa impunidad. De alguna forma se hacia la vista gorda porque estos recursos completaban el menguado e irregular jornal de muchos temporeros y desempleados. Además, la caza fue un complemento alimenticio fundamental en su dieta. Cuando el hambre era una realidad por doquier, ellos tenían la suerte de comer carne. Con la creación del Parque Nacional en 1969 se perdió el llamado «pan de los pobres», aquello que les entregaba gratuitamente la naturaleza sin pedirles cuentas.

Cerrada al público, la Reserva Biológica se enfrasca en tareas de investigación y conservación de la amenazada flora y fauna del Parque Nacional de Doñana, que concentra las visitas en cinco Centros de Información e Interpretación: El Acebuche, Palacio de Acebrón, La Rocina, José Antonio Valverde y Palacio de Hielo. Distribuidos estrategicamente a lo largo de la carretera de Almonte-Matalascañas que bordea el Parque, ofrecen al viajero todo tipo de información a través de exposiciones, audiovisuales y servicio de guías, así como la posibilidad de realizar excursiones por senderos peatonales y disfrutar de la fauna en sus observatorios de aves, construidos con las técnicas y los materiales tradicionales de lugar. Desde el Centro de recepción de El Acebuche parte un recorrido de setenta y cinco kilómetros que a lomos de un todo-terreno nos ofrece la visión más completa de Doñana en su triple versión de playa, coto y marisma.

Otra sugerente alternativa es el itinerario fluvial a bordo del buque Real Fernando, que partiendo de Sanlúcar de Barrameda remonta el Bajo Guadalquivir. ¡Cinco horas de crucero y unos veintiocho kilómetros de travesía que transcurren en un santiamén!. Prismáticos en ristre, disfrutaremos como enanos divisando interesantes aves en sus fangosas márgenes. Cernícalos primilla, aguiluchos laguneros, flamencos, archibebes, cigüeñuelas, garzas reales, avocetas, correlimos, zarapitos, patos cuchara, rabudos y reales, y diferentes gaviotas pululan por estas aguas, y si la suerte acompaña al viajero quizás acaricien sus ojos al águila imperial en acrobático vuelo. En este mítico cauce se han visto hasta delfines... El esturión fue en su día muy abundante, dando pie a la creación de una industria dedicada a producir caviar y carne ahumada en Coria del Río a principios de siglo. Pero aquello pertenece al pasado. En un momento dado, el barco atraca y se nos invita a pasear por tres históricas salinas ya en desuso, presididas por sus respectivas casas salineras invadidas por la desidia: San Isidoro, San Rafael y San Diego. De nuevo en el vapor, descendemos por el Guadalquivir rememorando aquella expedición de la Nao Victoria que dió la vuelta al mundo. Llegamos al histórico muelle de la Plancha, que con su ínsolito poblado de chozas nos transporta al Neolítico, y otra vez convertidos en peatones nos adentramos por el sendero que bordea el río hacía los Llanos de Velázquez. Este tramo forma parte de la finca Las Marismillas y en el lugar conocido como el Pinar del Faro nos sobrecoge la envergadura de los pinos que componen este bosque. El barco nos espera para acometer la recta final que concluye en Bajo de Guía, el pintoresco barrio marinero de Sanlúcar de Barrameda.

Contemplar ahora la desembocadura del noble Nilo andaluz, nos da que pensar... Doñana es algo más que un espacio geográfico lleno de encanto en el que proyectamos la imagen de un lugar edénico que no ha perdido su inocencia. Doñana es un estado de ánimo, una sensación vital que impregna el espíritu de enigmáticas fragancias. Abel Chapman, cuyos ojos vieron una Doñana plétorica, lo explicaba asi a principios de siglo: «*Para nosostros Doñana ha aparecido siempre como si fuera un fragmento de alguna soledad salvaje africana, desgajada y especialmente preparada para nuestro personal beneficio en este remoto rincón de Europa... Más allá de los bordes extremos del mundo conocido... Para nosostros, naturalistas de campo y amantes de lo agreste, Doñana representa nada menos que un paraíso terrestre*».

Casi seiscientas mil aves fueron censadas en Doñana en 1992. Fue un año de récords también en estas costas andaluzas. El Parque Nacional proporciona aves para su readaptación a otros enclaves protegidos de España.

Parque Natural
Los Alcornocales - Sierra del Aljibe

Desde Ubrique hasta Tarifa, el Parque Natural Los Alcornocales se despliega compacto sobre la comarca gaditana del Campo de Gibraltar como una unidad paisajística de marcado carácter forestal. Se trata de un conglomerado de modestas elevaciones, estribaciones últimas del Sistema Bético, circunvalado por un enjambre de hilos de agua, donde la vida transcurre serena entre humedales montanos, alcornocales centenarios y retazos de las últimas selvas de Europa que aún conservan aires tropicales a la vera de sus arroyos. En él se dan cita las sierras centro, este y sureste de Cádiz, junto con un rincón serrano del centro-oeste de la provincia de Málaga que penetra en sus dominios a través del municipio malagueño de Cortes de la Frontera. Entre todas ellas brilla con luz propia la Sierra del Aljibe, en cuya naturaleza arenisca se alzan las máximas alturas de este decorado ondulado. Linda al norte con el también gaditano Parque Natural de Grazalema y se extiende montuoso hasta el Estrecho de Gibraltar ceñido por un rosario de pueblos blancos a cual más cargado de costumbres, monumentos e historia. En sus ciento setenta mil veiticinco hectáreas toman partido quince municipios, catorce gaditanos y uno malagueño. Tarifa, Facinas, Medina Sidonia, Alcalá de los Gazules, Algar, Ubrique, Jimena de la Frontera, Castellar Nuevo, Los Barrios, Algeciras, Jerez de la Frontera, Arcos de la Frontera, El Bosque, Prado del Rey y Benaocaz se ponen de parte de Cádiz y Cortes de la Frontera juega con Málaga. La saca de

Tierra de frontera como acreditan los nombres de sus pueblos. Sierras no muy elevadas, regadas por hilo de agua y la presencia constante de un animal único en el mundo: el toro bravo.

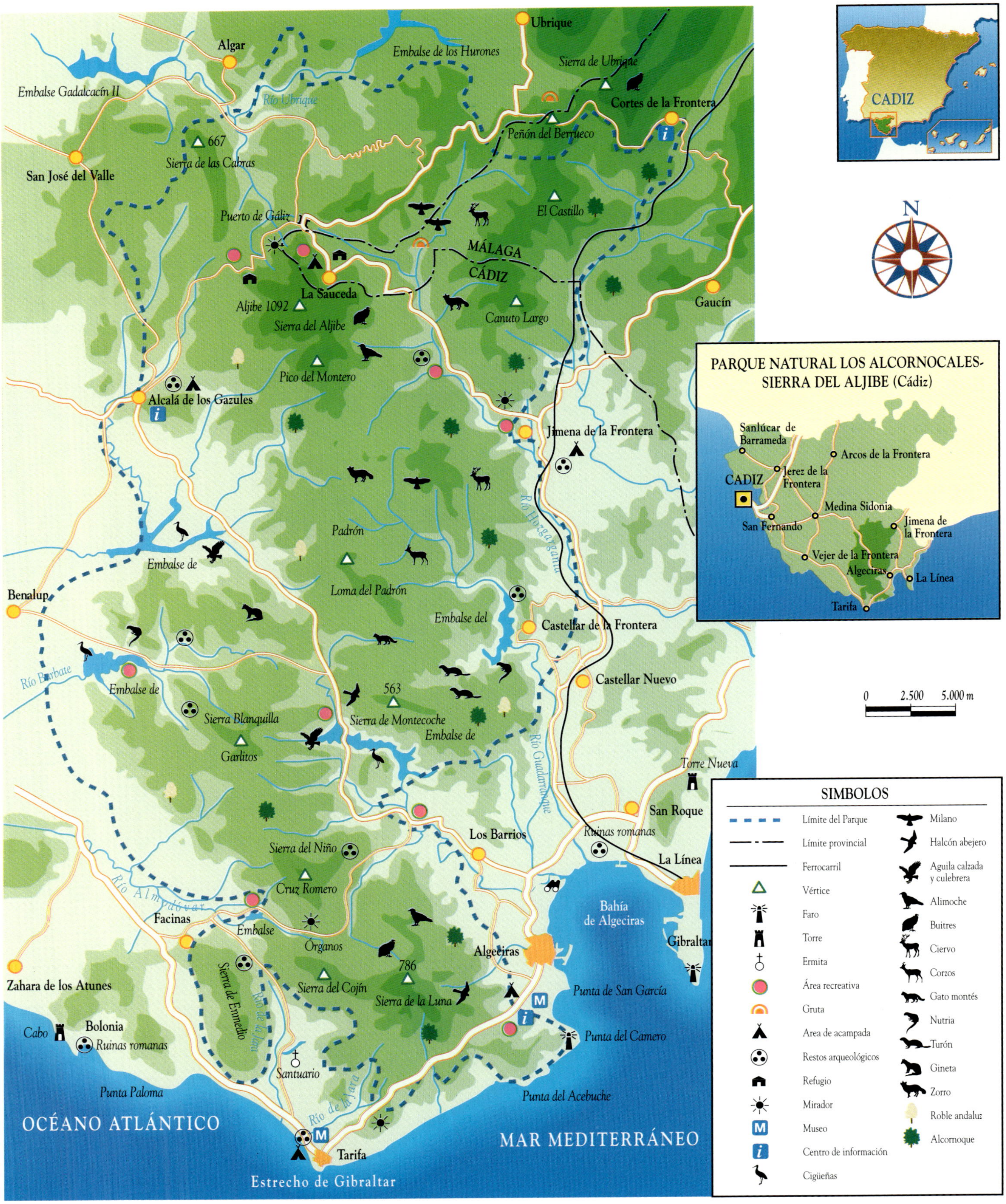
PARQUE NATURAL LOS ALCORNOCALES-SIERRA DEL ALJIBE (Cádiz)
CADIZ
N
Ubrique
Algar
Embalse de los Hurones
Sierra de Ubrique
Embalse Gadalcacín II
Río Ubrique
Cortes de la Frontera
Peñón del Berrueco
667
Sierra de las Cabras
San José del Valle
El Castillo
Puerto de Gáliz
MÁLAGA
CÁDIZ
La Sauceda
Aljibe 1092
Sierra del Aljibe
Canuto Largo
Gaucín
Pico del Montero
Alcalá de los Gazules
Jimena de la Frontera
Río Hozgarganta
Padrón
Embalse de
Loma del Padrón
Benalup
Embalse del
Castellar de la Frontera
Río Barbate
Embalse de
Castellar Nuevo
563
Sierra Blanquilla
Sierra de Montecoche
Embalse de
Garlitos
Río Guadarranque
Torre Nueva
San Roque
Los Barrios
Ruinas romanas
La Línea
Sierra del Niño
Cruz Romero
Río Almodóvar
Facinas
Embalse
Órganos
Bahía de Algeciras
Gibraltar
Algeciras
786
Zahara de los Atunes
Sierra de Enmedio
Río de la Jara
Sierra del Cojín
Sierra de la Luna
Punta de San García
Cabo
Bolonia
Ruinas romanas
Punta del Carnero
Santuario
Punta Paloma
Punta del Acebuche
OCÉANO ATLÁNTICO
MAR MEDITERRÁNEO
Río de la Jara
Tarifa
Estrecho de Gibraltar
Sanlúcar de Barrameda
Arcos de la Frontera
Jerez de la Frontera
CADIZ
Medina Sidonia
San Fernando
Jimena de la Frontera
Vejer de la Frontera
Algeciras
La Línea
Tarifa
0
2.500
5.000 m
SIMBOLOS
Límite del Parque
Límite provincial
Ferrocarril
Vértice
Faro
Torre
Ermita
Área recreativa
Gruta
Area de acampada
Restos arqueológicos
Refugio
Mirador
Museo
Centro de información
Cigüeñas
Milano
Halcón abejero
Aguila calzada y culebrera
Alimoche
Buitres
Ciervo
Corzos
Gato montés
Nutria
Turón
Gineta
Zorro
Roble andaluz
Alcornoque

Los claros despoblados de árboles se llaman aquí bujeos. Son suelos con alto porcentaje de arcillas. La mayoría se dedican a los pastos y al cultivo de cereales.

corcho sigue siendo su aprovechamiento natural más extendido, pero la ganadería, basada en la cría del cerdo en montanera, las cabras y las vacas retintas, supone hoy una actividad en alza. Se denomina monte ordenado a aquél cuyos recursos se explotan de forma racional y el Parque Natural Los Alcornocales tuvo el honor de acoger en su seno al primer monte ordenado de España. En estas tierras se llama chaparro al alcornoque adulto y a su corteza corcha. El corcho, producto que segrega el árbol para protegerse del frío, la sequía y otros agentes externos, auna tanta cualidades que ningún producto sintético consigue hacerle sombra. Es impermeable, insípido, ligero y casi inodoro, funciona como aislante térmico y acústico, tiene elasticidad y apenas sufre alteraciones. A nivel nacional, Extremadura y Andalucía Occidental monopolizan su producción tanto en cantidad como en calidad. La primera corteza del alcornoque se llama bornizo y suele ser bastante pobre, pero las venideras, llamadas de reproducción, van ganando en propiedades. En estos montes el descorche tiene lugar cada nueve años, tiempo necesario para que adquiera el grosor que demanda la industria. La saca coincide con un período de intensa actividad vegetativa, cuando las nuevas capas de células que aparecen bajo el corcho facilitan su desprendimiento. Durante julio y agosto los hombres se dirigen al bosque pertrechados con sus «jachas» y desnudan al chaparro sin dañar su corteza interna o casca que pondría en riesgo la

DATOS DE INTERÉS

Denominación: Los Alcornocales-Sierra del Aljibe.

Clasificación: Parque Natural.

Situación: Provincias de Cádiz y Málaga.

Superficie: 170.025 hectáreas.

Límites: Comprende 15 municipios de la provincia de Cádiz y 1 de la de Málaga.

Especies animales más comunes:
Cigüeñas, Milanos, Halcón abejero, Águila calzada y culebrera, Alimoche, Buitres, Meloncillo, Zorro, Ginetas, Nutrias, Turones, Gato montés, Ciervos, Corzos.

Especies vegetales más comunes:
Alcornocales, Roble andaluz, Helechos.

Características que lo hacen especial:
Patrimonio natural de incalculable valor. Conserva una buena muestra de lo que fueron los primitivos bosques mediterráneos.

Organismo o entidad responsable de su gestión:
Consejería de Medio Ambiente. Junta de Andalucía.

Acceso: Hay que solicitar autorización de visita a las oficinas del Parque Natural.

vida del árbol y la calidad del corcho. Las panas o piezas obtenidas se van apilando en el mismo lugar de su extracción y luego se acarrea con bestias como antaño.

El retrato robot de las gentes que poblaban estos montes cobra vida en la novela de Luis Berenguer *El mundo de Juan Lobón*. Este furtivo en cuerpo y alma, símbolo de la libertad a lo largo del relato, proyecta su incomprensión contra el tópico universo del señorito, donde se buscan la vida el cazador cazado por el guarda y el contrabandista acosado por la guardia civil. En aquella tierra virgen impera una tajante máxima extraída del código Hammurabi por Berenguer: «*Si el dueño de una tierra no quiere cazadores en lo suyo, eche los bichos fuera*». Juan Lobón es un ser íntegro, comprometido con un entorno natural que conoce, ama y respeta. Sabe que los «bichos» que hoy le dan sustento pueden acarrearle mañana tragedia, pero sobre todo asume que del cuidado de este legado cinegético depende su existencia y su porvenir. El mundo presiona desde todos los frentes, pero él no va a renunciar a sus convicciones de hombre de ley. Como escribe Luis Berenguer en su prólogo: «*Este cuento de cazadores que aprendí de los hombres y los ecos que van dando tumbos por esas serranías del Aljibe, Bermeja y Ronda, en un sitio que no quiera usted localizar en el mapa porque no está allí: está, según se va, tirando para arriba, en la encrucijada de los que nunca perdieron la fe en su destino*». Desde tiempo inmemorial, la relación entre el hombre y este medio ha estado marcada a fuego por el misterio y el milagro de una naturaleza salvaje que se ha dado a valer. En el fondo de la garganta

Sobrevivir en esta zona era difícil para los habitantes de estas tierras tradicionalmente aislada. La caza furtiva y el descorche de alcornoques eran las alternativas.

El Parque se encuentra situado en la ladera sureste de la Sierra del Niño, sobre terrenos cuaternarios formados por pie de monte; es un suelo maduro, con abundancia de materia orgánica

Gamero un abrigo guarda el legado de los hombres más primitivos que habitaron estas tierras. Desde la entrada de este mirador privilegiado se divisa el pueblo de Jimena de la Frontera y el valle del río Hozgarganta. En su interior esconde pinturas rupestres donde se perciben una especie de embarcaciones de gran transcendencia en el estudio del arte esquemático de la Edad de Bronce. Una tumba antropomórfica tallada en la roca rubrica el nacimiento del arroyo del Tiradero. Solos o reunidos en pequeñas necrópolis, estos sepulcros pétreos de ascendencia prehistórica salpican la sierra. En la Laja de las Brujas, el Bacinete, las cercanías de Bolonia, la Dehesa de la Zorrilla y la Sierra del Junquillo descansan los más lustrosos para refrescarnos la memoria.
Los pueblos del entorno siempre sacaron partido a este paraíso forestal, primero con el carboneo y más tarde através de la explotación corchera. Otra cosa es sobrevivir día a día en el corazón del bosque, circunstancia que fue curtiendo a sus moradores de generación en generación. Su ancestral aislamiento les condenó a una economía de subsistencia ajena a los intercambios comerciales. De vez en cuando el señorito solicitaba su trabajo o se ganaba un jornal con el descorche, pero la mayor parte del año había que sacar adelante a la familia con los recursos que el campo regalaba y un puñado de animales domésticos. La vida laboral del campero transcurre de sol a sol. Ellas afanadas con las aves del corral, los cerdos y las cabras, las tareas domésticas, los cuidados de la huerta, la elaboración de pan y queso... Ellos fabrican carbón de leña y picón para el brasero; recolectan corruca, «cojollos» de palmito, verduras silvestres, en especial

espárragos y tagarninas, caracoles, setas y cepas de brezo para hacer pipas de fumar; y en calidad de furtivos se adentran en el monte a cazar conejos y pajarillos para introducirlos en su menguada dieta. Junto a la casa se encuentra siempre el horno de pan y el huerto. El trigo se llevaba a moler a los numerosos molinos que salpicaban el cauce de los arroyos, como el del Tiradero que curso daba vida a los molinos del Raudal, de Blas o de Enmedio y al molino de la Zorrilla o Molinillo en lo más alto. En aquella molienda se incluía la nutritiva cáscara o «afrecho» del bendito cereal y con ella se fabricaban grandes «terelas» de dos o tres kilos. Este pan moreno de gruesa corteza oscura y masa prieta tiraba varios días en plenitud de facultades. La abundante roca arenisca o la roca caliza que encuentran en los bujeos se impone como materia prima en la construcción de hornos y viviendas. La obra se completa con vigas de madera de quejigo y una cobertura vegetal de ramas y hojas de escobones, brezos, aneas, helechos o castañuelas, procedentes de la ya desaparecida Laguna de la Janda. Para estancias cortas improvisaban los llamados «moriscos», una habitación tradicional a modo de chozo con estructura redonda hecha de ramas y cubiertas de brezos y helechos. Si este hogar provisional se hacía duradero era habitual levantar su base circular con pared de piedra. Como testimonio arquitectónico de estas construcciones se alza en perfecto estado un viejo morisco en la parte baja de la Venta de Ojén. Higueras, naranjos y perales no podían faltar en el huerto, pero tampoco los melones y las sandías, además de maíz, garbanzos, judías, habas, «chícharos»... Cerca de la casa pululan las gallinas, alimentadas con trigo, maíz y desperdicios, junto con los cerdos, cebados en montanera a base de bellotas de alcornoques y quejigos, y los fieles perros. Las cabras pastaban libremente y al atardecer se las recogía en cabrerizas cercanas al hogar. Junto con el cerdo y la matanza, aportaban carne al escuálido menú del campesino y con la leche del día se elaboraba un exquisito queso blanco, fresco y cremoso. De cuando en cuando tenían contacto con el mundo exterior a través del «recovero». La «recova» era el trabajo desempeñado por un hombre intrépido que cargado de productos del pueblo y la ciudad se llegaba hasta los caseríos dispersos y a cambio de leche, queso y animales de corral les ofrecía todas las necesidades que el bosque no les brindaba. En un principio la recova estaba basada en el trueque, pero luego se impuso el dinero y la recova pasó a ser la «dita» y el recovero «ditero». El ditero apuntaba en su libreta la mercancía elegida y el campero la iba pagando en cómodos y modestos plazos. Los escasos días de fiesta se reunían en un cruce de caminos, especialmente en el más importante de la comarca; la Venta de Ojén. Entonces se entonaba el «chacarrá»o fandango campero. Al calor de este cante y baile típico de las sierras del Campo de Gibraltar con aires de verdiales y fandanguillos se fraguaron muchos matrimonios condenados a repetir un destino anunciado.

Por su estratégica situación geografica, el Parque Natural Los Alcornocales asiste en butaca de patio, a la doble migración que cada año acometen millones de aves con billete de ida y vuelta entre Europa y África. El trasiego aéreo se proyecta sobre su cielo pero él prefiere ensimismarse en sus múltiples tesoros. En su acogedor regazo de cuño mediterráneo coinciden muchos árboles de talla. El alcornoque o «Quercus suber» preside el paisaje con su habitual nobleza e invita a otros de sus familiares a formar parte de la escenografía. Entre los más próximos dos especies de robles: el quejigo, «Quercus faginea» para los expertos, y el quejigo andaluz, que por un azaroso despiste se conoce en la jerga científica como «Quercus canariensis». Un botánico alemán llamado Willdenow se hizo un lío con las etiquetas del herbario y creyó recoger en Cana-

Donde el bosque lo permite, aparecen el gamón y la drosofila. Esta es una planta carnívora que segrega un jugo viscoso que inmoviliza a los insectos.

Estas zonas abiertas son el hogar común de los caracoles. Desde antaño han sido uno de los recursos más apreciados de Campo de Gibraltar.

rias lo que en realidad consiguió en Tánger, ya que en Argelia y Marruecos son verdaderos monumentos vegetales. Su recia estampa ameniza toda la Andalucía occidental porque en ella encuentran ese clima templado y húmedo en exceso que buscan. Su pasión son las hondanadas o laderas umbrosas desde donde se oiga el agua. También asiste a la invitación el roble melojo o «Quercus pyrenaica», un habitual de las umbrías montañosas de las tierras del norte que prospera en estas latitudes meridionales gracias a la singularidad de de sus microclimas húmedos. La coscoja «Quercus coccifera» y la robledilla ponen fin a la lista de parientes del chaparro, pero su curriculum arbóreo suma y sigue con acebos, laureles, rododendros... En los montes de Los Alcornocales proliferan hasta cuarenta especies de helechos que suelen apostarse junto al agua en el fondo de los arroyos o en bosques muy sombríos, como en Tajos de Bacinete, el río de la Miel o el arroyo de la Hoya. Además del suntuoso helecho real, entran en escena los pulipulis «Polypodium cambricum-Polypodium macaronesicum» y la carragüala o «Davallia canariensis». La extraña «Psilotum nudum», el gamón o la carnívora drosofila alfombran el decorado siempre que el espeso sotobosque se lo permite. La drosófila es una planta endémica de aficiones insectívoras que como complemento alimenticio devora compuestos nitrogenados extraidos de los jugos de estos animalillos. Su trampa mortal consiste en segregar un fluido viscoso por los botones rojos que luce en sus hojas donde quedan atrapadas las víctimas. La superficie forestal es tan vasta que un claro en el bosque supone un acontecimiento. A estos claros despojados de árboles y matorral que suelen asentarse sobre margas arcillosas se les llama bujeos. En verano se cuartean con la sequía pero cuando hacen su aparición las primeras lluvias los bulbos y las orquídeas brotan por doquier para tapizarlo de color verde. Los cardos también forman legión y en compañía de otras plantas de hojas tiernas convocan a centenares de caracoles, un manjar muy estimado por las gentes de Campo de Gibraltar. Este hábitat también atrae a numerosos pajarillos como trigueros, escribanos, cogujadas, zorzales, jilgue-

ros, verderones y pardillos. Para completar la visión del Parque Natural Los Alcornocales se hace necesario acudir a sus rincones acuáticos. Los aquí llamados «canutos» son valles estrechos y profundos por donde el agua transcurre encajonada entre rocas redondas. A su alrededor brota un exuberante bosque de ribera que se agolpa a las orillas de estas gangantas para calmar su insaciable sed, fraguando verdes túneles y frondosas galerías a lo largo de su curso. En esta especie de útero húmedo y templado la profusa vegetación nos devuelve a una naturaleza prístina más propia de latitudes tropicales, a esas selvas mediterráneas ya desaparecida en nuestro maltrecho continente. El aliso, cuajado de hojas y cargado de lianas, lleva la voz cantante en este medio selvático. En el fondo de los ríos donde la humedad y la sombra se hermanan surge la vegetación rupícola. Los bellos ombligos de Venus, vestidos de verde oscuro con hojas crasas y cometibles y tallo floral vertical repleto de campanillas verdiamarillas, toman asiento sobre la roca con culantrillos, rosales silvestres, clemátides de hermosas flores, musgos y líquenes.

En ciertos charcones del Parque Natural de Los Alcornocales habitan unos curiosos tardígrados o animales de «paso lento» a los que se les conoce en estos lares como «ositos de agua». Estas criaturas de vida cenagosas siguen siendo un auténtico enigma para la ciencia que aún discute su clasificación definitiva dentro del reino animal. Milimétricos y en forma de astronave, lucen cuatro pares de patas acabadas en ganchos o uñas para adheririse al sustrato de algas, musgos y detritos orgánicos sobre el que habitan. Como moradores de charcas temporales se han armado hasta los dientes frente a la adversidad. Estu-

El águila calzada, la perdicera, el alimoche, el halcón, el azor y el gavilán acuden en primavera y verano para criar en este parque. El buitre leonado, el cernícalo y el ratonero viven aquí durante todo el año.

Este Parque Natural tuvo el honor de ser el primer lugar de España donde se implantó el llamado monte ordenado. El aprovechamiento de la tierra no está reñido con la conservación de la naturaleza.

dios de laboratorio certifican su capacidad para soportar temperaturas de más de cien grados y vuelven a la vida tras permanecer sumergidos en helio líquido a doscientos setenta grados bajo cero con el metabolismo a cero. Los cazadores están de suerte porque el tímido corzo tiene en estos montes la población más meridional de Europa. Comparte su agreste territorio con venados y jabalíes, mientras que el pato y la perdíz optan por hacer vida en humedales y rastrojales. Las rapaces se encuentran a sus anchas en este mosaico de sierras. Los halcones abejeros y los milanos reales hacen parada y fonda en Los Alcornocales para luego continuar su rumbo migratorio. El águila calzada, la perdicera y la culebrera, el alimoche, el halcón, el azor y el gavilán acuden en primavera y verano para perpetuar la especie, mientras que buitres leonados, cernícalos y ratoneros tienen carnet de residentes. El ratonero, que planea trazando círculos emitiendo su característico «piuuuh», es quizás el ave más emblemática del Parque. Su abultada colonia compite en magnitud con la del buitre leonado. El águila imperial también se deja caer por aquí de cuando en cuando. En las inmediaciones del bosque anida el cuco, la abubilla, el abejaruco... Las anguilas surcan sus cristalinas aguas, donde también coinciden el galápago europeo y el leproso, y la escurridiza nutria en

busca de bogas y barbos. El brillante pelaje de este mamífero acuático y noctámbulo está presente en varios cursos fluviales del Campo de Gibraltar: Palmones, Guadiaro, Hozgarganta, Tiradero, arroyo de la Hoya... En el lecho rocoso del arroyo del Tiradero se camuflan bajo tonos pardos las planarias, unos gusanos planos y alargados de escasos centrímetros. Estos primitivos seres tienen la capacidad de reproducirse a partir de un trozo de su cuerpo. Entre los mamíferos destaca la comadreja, el tejón, la gineta, el zorro y en especial el meloncillo. Se trata de la única mangosta o devoradora de reptiles que vive en Europa. La trajeron los árabe en calidad de animal doméstico al igual que la gineta. La misión hogareña de la gineta consistía en acabar con los ratones y el meloncillo, que hasta se atreve con las venenosas, limpiar de serpientes el huerto. De pelaje gris oscuro o pardo, su alargada fisonomía se acentúa con un larga cola rematada por un mechón negro. Siempre en familia, frecuenta las zonas monte bajo y el bujeo. Para no perderse en la espesura acostumbran a formar una hilera, encabeza la madre seguida de su crías, a base de morderse la cola unos a otros. En torno a las peculiaridades del animal nace en estas sierra la leyenda del «alicante», una monstruosa culebra peluda que recorre el bosque en busca de víctimas. Todavía cuentan que cuando una mujer daba a luz, se presentaba de noche en su cuarto y mamaba de la fla-

El meloncillo es un mamífero que fue importado por los árabes para acabar con las numerosas serpientes que se arrastran por estas rocas.

mante madre sin que ésta lo notara. Paradójica imaginación la del pueblo, que convirtió a este gladiador de serpientes en un perverso ofidio que sembraba el terror a su paso. Como dice el refrán serrano: «*Si el escorpión* (culebrilla ciega) *viera y el alicate oyera, no habría nadie que al campo saliera*».

En el noroeste del Parque Natural Los Alcornocales se alza la poderosa Sierra del Aljibe, a caballo entre las provincias de Málaga y Cádiz. Su escarpada fisonomía se distingue del resto de las sierras, aprendices de montaña.

La Sierra del Aljibe a caballo entre las provincias de Málaga y Cádiz marca el límite noroeste del Parque Natural.

Junto al pico Aljibe, que con sus mil novent y dos metros ostenta el record de altura, compadrean el Montero (917 m), el Picacho (882 m), el cerro del Gurugú y Hermanillas (720 m). Coronar el Aljibe resulta un reto irrenurciable. La excursión parte de La Sauceda en suelo malagueño, término municipal de Cortes de la Frontera. Este antiguo poblado restaurado en la década de los sesenta hoy alberga una zona recreativa con área de acampada, curiosas cabañas de piedra que se prestan al alquiler y un refugio forestal. Fundado por los árabes, salta a la palestra cuando bandoleros y contrabandistas establecen en aquel recóndito enclave su cuartel general. El arroyo de Pasadallana sale a nuestro encuentro entre viejas ruinas y huertos abandonados. Un sombrío y húmedo alcornocal transcurre paralelo a su cauce envuelto en sus cavilaciones. Junto a las ruinas de un antiguo molino cruzamos el arroyo y el paisaje se cubre de rododendros, cuyas flores rosadas en primavera iluminan los tonos verdes y pardos del contexto. A continuación topamos con una gran mole de arenisca y poco despues con otra más voluminosa tapizada de hiedra y desde cuyo último extremo se despeña una cascada. El silencio se apodera de la situación cuando se materializa ante nosotros la imagen misma de un bosque encantado. Alcornoques de edad incalculable duermen un profundo sueño, mostrándonos enormes cavidades en sus viejos troncos casi petrificados. Su magia queda atrás y nos recibe el angosto canuto de los Sauces. Rebosante de humedad se deja tomar por acebos y laureles, confundido entre una maraña de rododendros, sauces y durillos. Entre majuelos, zarzas y juncos hace su aparición la pared rocosa que anhelamos y los alcornoques ya no se atreven a subir más alto. Desde allí se contempla la sublime orografía de las sierras del Pinar, Libar y las Nieves, el peñón del Buitre y Sierra Bermeja y Sierra Crestellina. Arbustos achaparrados cubren ahora el suelo y tras atravesar la provincia de Cádiz llegamos a la pileta de la Reina. El Pico del Ajibe ya se puede tocar con la mano. Entre los canchales surge ahora la sibarita drosofila, planta carnívora propia de las montañas meridionales ibéricas y el norte marroquí. El azote del viento es constante en la cima y el roble melojo le hace cara en su localización más meridional del mundo. Desde esta atalaya pétrea se divisa otro continente... Cuando el cielo está claro casi se abarca con los ojos toda la provincia de Cádiz, perfilándose al fondo las bahías de Cádiz, Algeciras, Gibraltar y La Linea, y más lejos aún la silueta de las montañas costeras de Marruecos. Por la noche, el espectáculo luminotécnico está garantizado.

El Picacho parece una mole de piedra inexpugnable en el extremo noroccidental de la Sierra del Aljibe. Sus ochocientos ochenta y dos metros de fuste no impresionan a nadie, pero con su fiero rostro de pronunciadas pendientes se desmarca del conjunto. Nos detenemos en el kilómetro 13 de la carretera que va de Alcalá a Puerto de Gáliz y allí se inicia una vereda que al hilo de un alcornocal nos lleva a la base del cerro. Desde este punto la ruta sube por una pequeña garganta hasta alcanzar un puerto, desde donde se corona por la cima la vertiente opuesta. Todo el trayecto se inscribe dentro de los montes propios de Alcalá de los Gazules como parte integrante de la finca Hernán Martín, gestionada por la Agencia de Medio Ambiente y perteneciente al Parque. En nuestro ascenso topamos con una modesta laguna en forma de riñón donde encuentran cobijo la ranita verde, el tritón y el gallipato. Con las lluvias de otoño recobra cada año sus aguas para asistir en primavera a una explosión de vida entre efímeras libélulas y caballitos del diablo, pero en cuanto el verano asoma se deseca

Los llamados «canutos» son valles estrechos y profundos por donde el agua transcurre encajonada entre rocas.
El milano negro, dibujo de esta misma página, es una de las rapaces que anida en este Parque.

inexorablemente. La garganta de Puerto Oscuro, embrión del río Barbate, da la bienvenida al viajero con un típico bosque en galería de alisos, quejigos y sauces, entre madroños, brezos cuchareros y adelfas. Arroyo arriba, por su orilla diestra, nos acompaña un bosque de alcornoques de recio sotobosque, entre brezos, mirtos, madroños, matagallos, lentisco, agracejos, tojos y aulagas. Acebuches aislados y algún que otro algarrobo hacen acto de presencia, pero conforme ascendemos, el acebuche se convierte en protagonista. De nuevo topamos con un diminuto arroyo perpendicular a la garganta de Puerto Oscuro y esta vez sale al paso un pinar maltrecho, donde un puñado de pino negrales sobreviven acosados por el levante y la procesionaria. A sus pies abunda la robledilla en apretado matorral y la vereda cruza otro cauce ribeteado de madroños y avellanos sobre el verde intenso de los helechos reales. La pendiente se incrementa por momentos hasta llegar al puerto que separa El Picacho del resto de la sierra. El manto vegetal corre ahora a cargo de un monte bajo repleto de jara, estepa, brecina, robledilla y jaguarzo, sobre cuya monotonía se eleva el madroño aquí y allá. El camino se adentra otra vez en un pinar umbrío, donde brota el arroyo que remontamos. Un hervidero de mechones de agua que se despeñan hacia la garganta de Puerto Oscuro coinciden en este paisaje pantanoso sembrado de brezos de los pantanos. Dejamos la cima anhelada a nuestra siniestra y seguimos en ascenso hasta el puerto. El matorral se empobrece y sobre este suelo mísero y rocoso

Arriba, el área de El Picacho, desde donde se puede iniciar la subida al cerro que alcanza los 882 metros. Junto a estas líneas, el cortijo Hermanos de San Juan de Dios.

El corcho es la corteza del alcornoque que segrega el árbol para protegerse del frío y la sequía. Se saca cada nueve años para que la capa sea gruesa.

Crece la drosofila. El Picacho aún nos aguarda en la distancia pero antes hay que superar la última prueba. Tras atravesar un denso matorral entre rocas se llega a un bosque de alcornoques salpicado de poderosos madroños, decorado último sobre el que se alza una rampa de roca desnuda que culmina en la cima. Aferrados a las grietas intentamos alcanzar el espolón rocoso con una inclinación de cuarenta y cinco grados. Poco antes del fin, una mancha de alcornoques achaparrados y retorcidos que no superan los dos metros hace frente a la adversidad. Una sensación de dominio nos invade tras la proeza y al embelesarse con el majestuoso vuelo de las rapaces y dirigir la mirada al horizonte. En primer plano se despliega de SE a NO el valle de la garganta de Puerto Oscuro y todo el camino recorrido, donde la laguna arriñonada es un punto de luz en el bosque. Al suroeste, Alcalá de los Gazules monopoliza nuestra atención sobre el valle del Barbate que se abre hasta perderse en la horizontal vega que cubrirá un embalse en breve. Al fondo Benalup, Vejer y la ensenada de Barbate, entre la Sierra de Retín y el Pinar de la Breña. En sentido opuesto, la Garganta del Aljibe se dirige al encuentro del Arroyo del Caballo, que bordea la Sierra de la Cabras por su lado oriental, hasta el embalse de Guadalcacín. De cara al norte se distinguen Arcos, Villamartín y El Bosque. Detrás del Puerto de Ortela y la Sierra de la Gallina se superpone el inconfundible perfil del macizo de Grazalema donde destaca Benaoz. El pico Aljibe queda al sureste y cuando la luz acompaña se vislumbran las poblaciones de la Bahía de Cádiz.

En el entorno del Estrecho de Gibraltar se condensa el microclima más húmedo de la comarca y las elevaciones estrella del sur gaditano. Su vena maestra es el Arroyo del Tiradero, que nace en Los Llanos del Juncal a la vera del río Guadalmesí y muere en el Palmones. En su afán de abrirse brecha entre las sierras de la Luna y el Niño, sortea pendientes, compone rápidos y se precipita por cascadas a lo largo de veinte kilómetros. Por su cauce escapa el volumen de agua contenido en tres grandes sierras, por lo que recibe constantes visitas de riachuelos y torrentes. Ni el torrido verano consigue acabar con él y con

las lluvias adopta una desbordante personalidad. Los quejigos suelen filtrear con los alcornoques en los espacios humedos, frescos y sombríos, pero en el arroyo del Tiradero se han hecho con las riendas del bosque en exclusiva. Estamos en el quejigal de San Carlos del Tiradero rodeados de gigantes vegetales. En ellos anida el cárabo. Sobre sus troncos o cualquier superficie que se preste, el pájaro carpintero repiquetea para anunciar su época de celo. El sotobosque es una masa impenetrabe de matas de mirtos y brezos en la que concurren agracejos, labiérnagos, durillos, aladiernos, carrasca... A su calor tiene instalada su guarida el arrendajo, capaz de imitar a la perfección a todo bicho viviente. En otoño una buena gama de setas cubre la hojarasca, entre ellas champiñones, calcetas, yemas, crespillas y rebozuelos. Los quejigales del Campo de Gibraltar se prestan gustosos a la conquista de la vegetación epífita, la que crece en las alturas sobre rocas u otras plantas. La humedad ambiental le permite adornar sus troncos y sus ramas con diversos helechos y ombligos de Venus. Las trepadoras irrumpen por su parte con hiedras, zarzaparrillas, nuezas negras, zarzas, rosales, madreselvas y parrones. En su asombrosa feracidad forman segundas copas bajo la copa del hospitalario quejigo. Pero acerquémonos al brioso arroyo del Tiradero. Su cauce espumea sorteando obstáculos entre rocas, creando a su paso algunas pozas o charcones que invitan al chapuzón. Zapateros, libelulas, escorpiones de agua, gambas de río o diminutas lapas que se aferran a la piedra en su lucha con la corriente, ven zambullirse a la nutria, revolotear al martín pescador o tomar el

Estas sierras fueron un lugar de contrabandistas y cazadores furtivos. Las gentes que aquí vivían estaban obligadas a cazar en los terrenos que les estaban vedados, para poder subsistir.

sol a los grandes galápagos leprosos, a la culebra de agua y a la salamandra. Los alisos, con sus troncos forrados de hiedras y parras, se apuestan en sus orillas junto a fresnos, avellanillos y un tropel de arbustos al mando de adelfas, escobones y oranzos. En primavera, los helechos reales se alían con los alisos, entre bellos candelabros de helechos hembras, grandes rocas tapizadas por un tupido manto de carragüalas y puli-pulis y densas colonias de culantrillo de pozo dentro del cauce. En las arenas de sus orillas crecen con profusión las almohadillas de otro helecho que tiene toda la pinta del musgo: la pinchuíta. A pocos metros, un quejigal circunda su curso rodeado de espesos setos que le son afines. Están presentes los durillos con sus bellas umbrelas de flores níveas, los escobones y los majoletos, unos árboles pequeños y espinosos de flores blancas, cuyos frutos, redondos y rojizos, vuelven locos a los pájaros. En estos setos cercanos a las riberas, viven el ruiseñor común y el bastardo; el petirrojo salta de piedra en piedra del arroyo; las lavanderas se ciñen al agua, carboneros y herrerillos se buscan la vida entre la espesura. Arroyo arriba, el olor de la violeta silvestre perfuma su nacimiento.

EL Parque Natural Los Alcornocales se proyecta hacia los llamados ecoturistas, viajeros conscientes de defender un medio natural y su patrimonio cultural. Sus «vereas» transportan al visitante a mágicos rincones, como la espectacular formación rocosa de la Montera del Torero (Los Barrios), el antiguo emplazamiento de Castellar o Castellar Viejo (Castellar de la Frontera', Castillo y Cao de Jimena de la Frontera o el Tajo de las Figuras (Benalup). Previa tramitación de permisos en cualquier oficina del Parque, su oferta de actividades incluye talleres, senderismo, piragüismo, excursiones en bicicleta de montaña, a caballo o en burro, escalada deportiva en roca y en rocódromo, escalada alpina, rapell, tirolina, rutas multiaventura y rutas ornitológicas guiadas. Todos lo municipios albergan puntos de información o áreas recreativas acondicionadas con parrillas, mesas, contenedores de basuras, fuentes y aparcamiento. También dispone de zonas de acampada, refugios forestales y un camping en Alcalá de los Gazules. La ruta cicloturística de El Picacho a La Peguera es otro recorrido obligado. Sigue la dirección norte-sur por la pista forestal surcando las faldas de la vertiente oeste de El Picacho, Aljibe y Montero. Durante la excursión se cruzan los arroyos cuya savia dará vida al río Barbate, que posa en todas las panorámicas del trayecto y desde 1993 se adorna en su curso medio con las aguas de un pantano. En lo alto descansan «Las Buitreras», cuyos bulliciosos ocupantes han moteado de lunares blancos el Tajo Sancho a base de excrementos. El esfuerzo queda recompensado cuando admiramos desde el puerto como el arroyo Arnao cambia de rumbo en busca de la vertiente oeste de la sierra para unirse al Alberite y Laurel. El sol está a punto de abandonar el cielo y el Parque nos despide con un horizonte de recios alcornoques envueltos en brumas.

Arriba, Alcalá de los Gazules. Los dieciséis pueblos que forman parte del Parque Natural colaboran en la promoción del turismo verde y la organización de visitas al espacio protegido.

Paraje Natural y Reservas Naturales de las Marismas del Odiel

El encanto del litoral onubense, sometido durante milenios al embate de un Atlántico bravío, gravita en torno a sus playas kilométricas de arena sedosa y dorada. La impresionante playa de Matalascañas, frontera sur del Parque Nacional de Doñana, las sugerentes playas de Punta Umbría, la Barra del Rompido, mosaico de playas y dunas alrededor del río Piedras, se prestan a corroborarlo y enarbolan al viento su salvaje belleza. Sus atributos naturales se incrementan con una constelación de marismas y lagunas litorales vinculadas a la desembocadura de sus cauces fluviales, donde encuentran cobijo un cundido número de aves zancudas y acuáticas. En este puzzle marino-terrestre de la Costa de la Luz brillan con luz propia las marismas del río Odiel, pero tampoco hay que perder de vista de babor a estribor el paraje natural de las Marismas del río Piedras y la Flecha del Rompido, la reserva natural de la laguna de El Portil y los también parajes naturales de los Enebrales de Punta Umbría, del Estero de Domingo Rubio y de las Lagunas de Palos y Las Madres. El 19 de octubre de 1984 el Parlamento andaluz da luz verde al Paraje Natural Marismas del Odiel, acreedor del paisaje marismeño mejor conservado de todo el perímetro costero de Andalucía. La decisión no sorprende a nadie porque un año antes ya había sido declarado Reserva de la Biosfera a través del Programa MAB de la UNESCO e incluido en la ZEPA (Zona de Especial Protección para las Aves). Se circunscribe a

Los ríos que desembocan en el Atlántico, en el extremo sur de España, han creado una serie de marismas, dunas y playas de una belleza excepcional. Desde 1984 esta zona del Odiel es Parque Natural.

la margen diestra del poderoso río Odiel en las inmediaciones de su espectacular desembocadura, donde confluye una singular estructura geomorfológica asociada al incesante pulso librado entre el mar y la tierra. La persistencia de las mareas genera diques arenosos de cierre que aislan el decorado del crudo influjo atlántico. Las lagunas litorales y los primitivos estuarios se parapetan del mar abierto con la progresiva acumulación de arenas, mientras el oleaje y el viento esculpen playas y complejos de dunas móviles frente a la costa. En sus siete mil ciento ochenta y cinco hectáreas de superficie llana encierra bajo llave otras dos áreas protegidas, la reserva natural Marismas de El Burro en el sector norte y la reserva natural de la Isla de Enmedio en la zona sur. Portador de un clima mediterráneo, este paraíso soporta más de tre mil horas de insolación al año y una temperatura media 18,3ºC. En sus dominios confluyen los términos municipales de Huelva, Gibraleón, Aljaraque y Punta Umbría, poblaciones que le circundan por este, norte, oeste y sur, respectivamente. Aljaraque, hermoso pueblo de ascendencia árabe separado de Huelva por el puente Sifón de Santa Eulalia, descansa a seis kilómetros de la capital onubense rodeado de campos de naranjos y otros cítricos, mientras que hasta Gibraleón median dieciseis kilómetros. El dique Juan Carlos I cierra sus fronteras por el sur con catorce kilómetros de longitud. Las obstinadas olas distribuyen los materiales que arrastran los cursos fluviales y los formados en las costa a través de la llamada deriva litoral, aglutinando arenas que dan vida a maravillosas playas en la margen derecha de esta gigantesca obra de ingeniería.

Desde tiempo inmemorial estas marismas cautivaron al viajero que en la antigüedad surcaba los mares en busca de tierras inexploradas. Su

Las lagunas litorales y los primitivos estuarios se defienden del oleaje gracias a todo un conjunto de dunas móviles que los separan del oceano Atlántico.

N

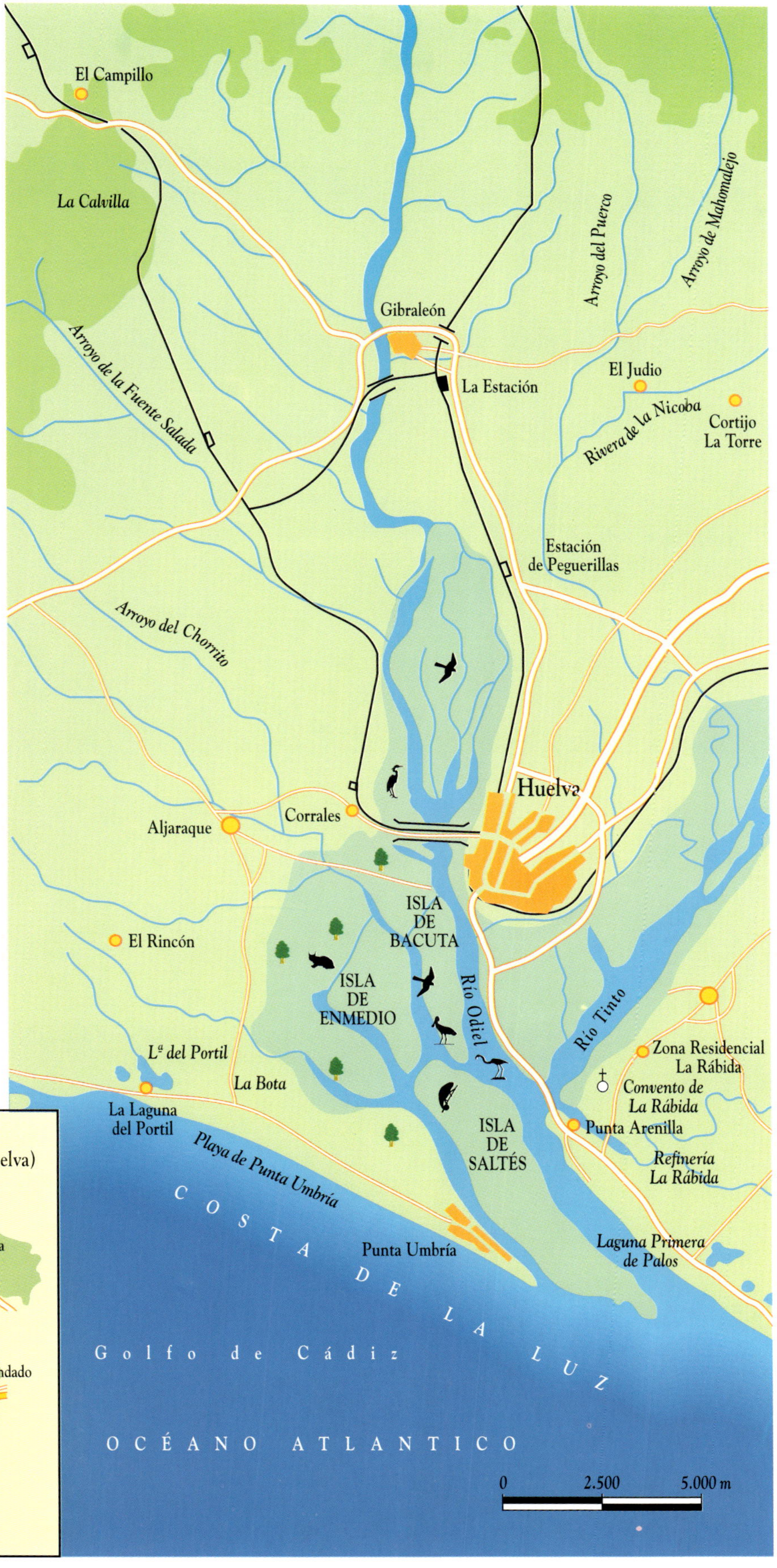

El Campillo
La Calvilla
Arroyo de la Fuente Salada
Gibraleón
La Estación
Arroyo del Puerco
Arroyo de Mahomalejo
El Judío
Rivera de la Nicoba
Cortijo
La Torre
Estación
de Peguerillas
Arroyo del Chorrito
Huelva
Corrales
Aljaraque
ISLA
DE
BACUTA
El Rincón
ISLA
DE
ENMEDIO
Río Odiel
Río Tinto
Lª del Portil
La Bota
Zona Residencial
La Rábida
Convento de
La Rábida
La Laguna
del Portil
ISLA
DE
SALTÉS
Punta Arenilla
Playa de Punta Umbría
Refinería
La Rábida
C O S T A   D E   L A   L U Z
Punta Umbría
Laguna Primera
de Palos
Golfo de Cádiz
OCÉANO ATLANTICO
0
2.500
5.000 m

PARQUE NATURAL
MARISMAS DEL ODIEL (Huelva)
Aracena
Villanueva
de los
Castillejos
Zalamea
la Real
Palma del Condado
Gibraleón
Ayamonte
HUELVA
Moguer

patrimonio mineral, salino y pesquero saltaba a la vista, lo que unido a su estratégica ubicación sobre el Atlántico potenció el establecimiento de sucesivas culturas a lo largo y ancho de su historia. En base a determinados hallazgos datables en el segundo milenio anterior a nuestra Era y que coinciden con el ocaso de la Edad de Bronce, algunos autores invocan a Tartessos. En su jurisdicción localizan al mítico pueblo ibérico del suroeste peninsular que entre los siglos VIII y VI antes de Cristo ostentaba un poderío cultural y económico sin parangón en la época. El puntal de esta civilización fue la metalurgia, tanto en su manufactura como en su comercio. Diestros en el arte de navegar, mantuvieron intensos intercambios comerciales con los pueblos del Este y su cultura se impregnó de las esencias de Oriente. Gerión y sobre todo Argantonio son los nombres de algunos de sus monarcas, cuya credibilidad cabalga entre la realidad y la leyenda. Poco después, los fenicios y los griegos procedentes del Mare Nostrum oriental fundan en esta colonia la Tardetania clásica. La pesca y la industria conservera, así como la agricultura y la minería de las cuencas del Tinto y del Odiel conocen años de gloria bajo la tutela del Imperio Romano y esta provincia senatorial se convierte en la más rica, poblada y civilizada de toda la Hispania. Con la llegada de los musulmanes el comercio vuelve a un primer plano y se establece en la zona un importante epicentro de intercambios con Portugal y África, pero los cristianos arrebatarán al infiel estas tierras a lo largo del siglo XIII. En 1485 Cristóbal Colón se persona con un loco sueño en el monasterio de La Rábida, una obra del siglo XV situada en el término municipal de Palos de la Frontera junto a la margen izquierda del río Tinto y poco antes de que éste se hermane con el Odiel para enfrentarse juntos a la muerte en el Atlántico. Le recibe fray Juan Pérez, quien tras escucharle atónito le presenta a fray Antonio de Marchena, todo un erudito en astronomía y a partir de entonces el más ferviente defensor y promotor del disparatado proyecto ante la corona. Los portugueses ya le habían dado calabazas y los Reyes Católicos, enfrascados entonces en la conquista de Granada, tampoco dan crédito al genovés en esta primera intentona hasta que

El Parque es Zona de Especial Protección para las Aves. Destacan las colonias de espátulas. Alberga el treinta por ciento de la población mundial.

DATOS DE INTERÉS

Denominación: Marismas del Odiel.

Clasificación: Paraje Natural

Situación: En la provincia de Huelva. En la desembocadura del río Odiel.

Superficie: 7.185 hectáreas.

Límites: Términos municipales de: Huelva, Gibraleón, Aljaraque y Punta Umbría.

Especies animales más comunes:
Espátula (alberga el 30% de la población europea), Garza real, Garza imperial, Aguilucho lagunero, Flamencos (durante la invernada se llegan a concentrar hasta 2.000) Camaleón, Lince.

Especies vegetales más comunes:
Taray, Sabina negral, Lentisco, Jara, Romero, Spartina Marítima, Salicornia ramosissima, Spartina densiflora.

Características que lo hacen especial:
Declarada Reserva de la Biosfera. En su interior se encuentran las reservas naturales de las Marismas del Burro y la Isla de Enmedio, que destacan por el grado de conservación de sus ecosistemas.

Organismo o entidad responsable de su gestión:
Junta de Andalucía.

Acceso: Libre.

finalmente aprueben su propuesta en 1491. ¿Quién les iba a decir a Isabel y Fernando que la testadurez de un aventurero, la influencia política de los franciscanos de La Rábida y la audacia de un puñado de marineros cambiaría el rumbo de la Historia?. El legendario monasterio que tanto intercedió en el descubrimiento de América permanece envuelto en un halo de misterio porque según cuentan se alza en el mismo lugar donde mucho tiempo atrás se levantó un templo pagano en honor de Erebea, la diosa de las tinieblas. Como espectadora de todos estos sucesos, la ciudad de Huelva se duele de no haber llegado hasta el mar. Se lo impidieron los ingleses que en 1874 tomaron las riendas de sus explotaciones mineras, condenándola a expandirse hacia el interior. Desde 1964 goza de una acusada personalidad industrial en aras de la implantación de un poderoso foco de desarrollo económico en la vertiente izquierda del río Odiel. Como dice el refrán: No hay mal que por bien no venga. Entre sus tesoros guarda la quizás tartessa Copa de Cornastas del siglo VI antes de Cristo; el acueducto romano que conectaba el cabezo del Conquero con el depósito del callejón de San Andrés; el bello convento de la Merced del siglo XVII o el Santuario de Nuestra Señora de la Cinta, a donde con un nuevo continente bajo el brazo acudió Cristóbal Colón para dar gracias a la Virgen por su exitoso viaje. En el interior del templo se le rinde culto con la sorprendente azulejería de Zuloaga, donde el pintor extremeño narra varios retazos de la vida del insigne genovés.

El Paraje Natural Marismas del Odiel se ofrece a los ojos como una sucesión de horizontes aplazados, sensación potenciada por las numerosas bandas horizontales de matorral oscuro que dividen la tierra encharcada que tapiza la llanura. Las marismas se definen como áreas terrestres que bordean el mar, más o menos cubiertas por vegetación y sujetas a inundaciones periódicas a través de las mareas. Este conjunto de marismas mareales que engalana el corazón de la costa de Huelva muestra un hábitat muy evolucionado y dinámico moldeado por el tiempo, el océano y la tupida red hidrográfica que lo surca. Canales, caños y esteros componen un sofisticado sistema de drenaje por el que irrumpe y discurre el agua salada y escapa el agua dulce. El antiguo estuario se ha ido colmando lentamente con el material transportado por los numerosos cursos fluviales que se precipitan hacia el Atlántico y los depósitos arrastrados por la deriva litoral. Las diversas especies vegetales, aclimatadas de por vida a un encharcamiento intermitente, han logrado conquistar sin prisa pero sin pausa estos nuevos afloramientos que emergen sobre la planicie del terreno capitaneadas por el junco. En su disposición vertical se articulan dos zonas bien diferenciadas con características ecológicas propias. Al norte se

En 1874 los ingleses se hicieron con las explotaciones mineras de Huelva. Desde entonces la ciudad se ha decantado por la actividad industrial.

Playas de varios kilómetros de longitud. Arenas blancas que en algunas épocas del año parecen trasladarnos a una escondida isla perdida en los mares del sur.

extienden las marismas de El Burro y de Las Yeguas, cuyas aguas se muestran más dulces en tanto que alejadas de la costa y del influjo de las mareas. Al abrigo de una tupida flora halófila, el aguilucho lagunero y la garza real se concentran durante el período de cría en su húmedo y meloso regazo. Por el contrario, la zona sur hace gala de una marcado carácter salobre en el que se inscriben las islas de la Liebre, de Enmedio, de Bacuta y de Saltés. En este paisaje de regusto acre nidifica la espátula, un ave acuática que dentro de Europa occidental tan sólo se presta a la maternidad en estas marismas, en Doñana y en determinados enclaves holandeses. En medio de ambas, el pequeño pueblo de Corrales guarda sus fronteras. La influencia de las mareas determina la salinidad de estas láminas líquidas y los terrenos más próximos al mar se someten a su irresistible capricho encharcándose con periodicidad. De esta forma se distinguen áreas bajas, que con las mareas altas se inundan dos veces al día; áreas

Canales y caños crean un complicado sistema de drenaje por el que se escapa el agua dulce y penetra el agua salada.

La marisma es un medio hostil que pocas especies vegetales pueden colonizar. Una de ellas es el taray, en el dibujo de esta página.

medias, que reciben agua marina dos veces al mes durante las pleamares y coincidiendo con la luna llena, y áreas altas, que tan sólo se sumergen dos veces al año al hilo de los equinoccios, es decir, cuando la luna, el sol y la tierra quedan alineados en el espacio en el mes de marzo y en el de septiembre. A estas últimas se las denomina mareas vivas y con ellas el mar penetra en la tierra hasta límites insospechados. La marisma es un medio hostil, muy condicionado por la salinidad y el régimen de encharcamiento que pocos organismos osan colonizar. Pero bajo su parente esterilidad se esconde uno de los ecosistemas más productivos del planeta, donde la riqueza de sus nutrientes da vida a una importante masa vegetal que a su vez alimenta a un tropel de crustáceos, moluscos, insectos, peces y aves cuya existencia se va engarzando como los eslabones de una cadena.

A tan sólo diez kilómetros de Huelva capital por la carretera comarcal Huelva-Punta Umbría, el Paraje Natural Marismas del Odiel sale al encuentro del visitante. Antes de aden-

tranos en sus dominios merece la pena echar un vistazo desde el puente Sifón de Santa Eulalia... A la diestra, el espejo de las marismas de El Burro y por la siniestra una vasta panorámica de las islas frente al emporio industrial de Huelva que se extiende cinco kilómetros sobre la margen izquierda del Odiel. Pero remontémonos aguas arriba... Este generoso río nace en la Sierra de Aracena, cuyos aires serranos curten el delicioso jamón de Jabugo. Cuando ya llega maduro a la villa de Gibraleón se perfila a su costado izquierdo para proseguir entero y sin titubeos hacia su salado destino. A los pocos kilómetros penetra en las fronteras de su Paraje Natural y entonces se desgrana en un haz de hilos de agua sobre las marismas de El Burro y de Las Yeguas. A la altura de Huelva capital se recompone, pero entonces pierde su identidad fluvial al mezclarse con las aguas del acéano alrededor de las islas de Bacuta, de Enmedio, de la Liebre y de Saltés, transmutado de río en ría. Durante el verano, unas pequeñas embarcaciones cubren el transporte regular de viajeros entre Huelva y Punta Umbría. La excursión parte del puerto de la capital onubense y recorre plácidamente los

Al remontar el cauce del Odiel la vegetación se hace más abundante. En la zona que aparece en la fotografía de la izquierda, dominan los acebuchales.

canales que componen las tres islas emergidas de la ría del Odiel. En el siglo VI los romanos tomaron posesión de la isla de Saltés y más tarde los musulmanes la elevaron a la categoria de capital de un reino taifa. Allí levantaron un hermoso palacio donde instaló su morada el inspirado Al-Braki, autor de una colección de versos incluidos en el El Collar de la Paloma. Esta obra encierra un tratado sobre el amor y los amantes escrito en una exquisita prosa poética árabe por Ibn Hazim de Córdoba en el siglo XI. La isla del Enmedio la reservaron para la caza y en la de Bacuta tomaban posiciones los arqueros encargados de defender la plaza infiel. Por encima de la isla de Enmedio y de las marismas del Odiel se asienta sobre la llanura un mirador privilegiado, la Punta de Agua Dulce. Paradójicamente, alberga en su melifluo nombre dos salinas en explotación, las salinas Aragonesas y las salinas de Bacuta.

Tres islas emergen de la ría del Odiel. Romanos y árabes las conocieron y allí se levantó incluso un espléndido palacio en la época dorada del Califato de Córdoba.

La vegetación propia de la marisma alta, media y baja se da cita en el Paraje Natural Marismas del Odiel. El color verde en todas sus graduaciones tapiza con profusión este universo de arena, limos y agua con especies halófilas que hacen carrera en medios salobres y se adaptan a los encharcamientos periódicos de

las mareas, entre ellas destacan la «Salicornia perennis», la «Halimione portulacoides», la «Frankenia laevis» o la «Suaede vera». Los abundantes candilillos («Arisarum vulgare») florecen en otoño-invierno sin ningún tipo de competencia, la «Sarconia fruticosa» aparece en escena vestida de verde grisáceo, la «Limonium laevis» se adorna de diminutas hojas... Las marismas de El Burro y Las Yeguas monopolizan la cara dulce de este recinto protegido y a sus mieles acuden un ejército de tarajes, carrizos y espadañas. El «Tamarix canariensis» y el «Juncus maritimus» se dejan bambolear por el viento en compañía de jaras, mirtos y otros ejemplares de la marisma. La «Artemisia ferulescens» brota pletórica y la «Spartina desiflora», semejante al junco y de vital importancia en los procesos de migración de los esteros, dona al paisaje sus flores pajizas o verde amarillento. El martín pescador es un habitual en estos parajes. La espátula ha establecido uno de sus pocos centros de maternidad europeos en la isla de Enmedio, pertrechada con dos observatorios ornitológicos, y en la de Bacuta, la mejor conservada de todo este entorno marismeño. La sibarita

El antiguo muelle de mineral construido sobre la ría del Odiel por el ingeniero Georges Bruce, sigue las pautas de funcionalidad de Eiffel. Actualmente es un paseo que penetra en la ría.

zancuda comparte espacio y alimento con una pléyade de aves acuáticas. Además, la garceta común tiene instalada una colonia de más de cuatrocientas parejas, cien más que las respectivas de la garza imperial y la garza real, sin olvidar a los numerosos charrancitos. En invierno se suman a su alada población la aguja colinegra y la aguja colipinta, el correlimos común y el correlimos gordo, el chorlitejo chico y el archibebe común. Las gaviotas, en su versión reidora, argéntea, sombría y de Audouïn, también encuentran un refugio invernal en las marismas del Odiel. Al bullicioso ambiente de graznidos y batir de alas se unen el águila pescadora, la cigüeña y su prima la cigüeñuela, el flamenco, la avoceta, el ánade real, el vuelvepiedras, la focha, el somurmujo blanco... Sobre la integridad de este frágil ecosistema se ciernen varias sombras, en especial las derivadas de la tradicional explotación minera y salinera de la zona. La sal, el preciado «oro blanco» y moneda de cambio entre los pueblos antiguos, junto con la abundancia de metales que guarda en su entrañas, han despertado la codicia del hombre por este espacio desde los albores de la humanidad y hasta ayer mismo. En 1984 se autorizó la práctica de la minería en la isla de Saltés, santuario de nidificación de las últimas espátulas de nuestro esquilmado continente. La expoliación de los huevos y polluelos de esta emblemática zancuda, así como los de las garcetas y las garzas reales que a veces asolan la isla de Enmedio amenazan también su hábitat desprotegido. Además, los vertidos contaminantes procedentes de las minas acechan al Odiel a lo largo de su curso, así como los que se escapan sin depurar del poderoso enclave industrial de Huelva capital y se vierten sobre su ría o son lanzados a alta mar sin ningún escrúpulo.

Los alrededores del Paraje Natural Marismas del Odiel esconden otros tantos tesoros que bien merecen una visita. La sublime playa de Punta Umbría se tiende dorada ante el insistente Atlántico que la baña una y otra vez al ritmo de sus olas. Tras degustarla a lo largo de tres kilómetros, en dirección a Ayamonte se llega al llamado paraje natural Enebrales de Punta Umbría. En sus arenas descansa uno de los escasos bosques de enebros «Juniperus oxycedrus macrocarpa» y sabinas «Juniperus phoenicea oophora» que adornan la costa andaluza. Linda con parte

Más de cuatrocientas parejas de garcetas anidan aquí. También son muy abundantes los charrancitos y las garzas reales e imperiales. En la reserva natural vive también otra especie en peligro: el lince.

de la frontera sur del Paraje Natural Marismas del Odiel y cubre una estrecha franja de unos seis kilómetros de longitud. Junto a enebros y sabinas se alzan majestuosos pinos piñoneros, y espinos negros. La playa nos conduce un poco más allá a otro espacio protegido, la reserva natural de El Portil. Esta laguna, blindada al mar por un dique de arena que el caprichoso oleaje arrastra hasta aquí, apenas contiene agua salada porque el Atlántico sólo consigue inundarla de forma esporádica con la llegada de las mareas vivas. En ella descansan y nidifican un cundido número de aves acuáticas, entre ellas el somormujo lavanco, el morito, el pato cuchara, la espátula o la garza imperial. A su alrededor se extiende un área de protección transitada por el lince que incluye dos lagunas más, la del Chaparral y la de Gamonales. Sus contornos orientales se pliegan al costado occidental del Paraje Natural Marismas del Odiel. Si nos acercamos hasta la playa divisaremos en la lejanía la punta terminal de la barra arenosa de El Rompido, que acoge en su seno un complejo dunar en excelente estado de conservación. Lo lógico es que esta caminata de horizontes despejados y brisa marina en el rostro nos despierte un apetito voraz y como estamos en la sabrosa costa de Huelva, nuestros deseos grastrónomicos serán colmados con creces. El delicioso pescaíto, frito o la plancha, no necesita presentación porque llega en este momento del mar, pero uno también puede decantarse por exquisitos platos marineros de rancia tradición como el rape en amarillo, los tollos con tomate, las coquinas con fideos o la raya al pimentón. Buen provecho.

Parque Natural Montes de Málaga

Hace ya veintiún siglos que el geógrafo griego Estrabón intentó poner orden en aquel caótico mundo que le vio nacer... Cuenta en su *Geografía* que los fenicios fundaron sobre la costa ibérica junto al cerro de la Alcazaba una urbe de planta irregular, embrión milenario de la actual Málaga. De cara al Mediterráneo y con las espaldas cubiertas por los Montes de Málaga, entra en la Historia por la puerta grande con los romanos, en calidad de ciudad confederada de Roma, preciada distinción que sólo ostentaron otras tres villas de la Bética. Para legalizar su situación le conceden sus primeras ordenanzas municipales a través de la famosa tabla de bronce conocida como la Lex Flavia Malacitana. De su poderío da fe el teatro romano descubierto por azar en 1951 al iniciar las obras de su Casa de la Cultura. Bajo la dominación musulmana vive años de gloria y esplendor en todos los órdenes. De esta época data su poderosa muralla que aún sobrevive en parte, ciñéndose a su casco antiguo de angostas calles, la rotunda Alcazaba y su colosal torre del Homenaje que corona este conglomerado de volúmenes cúbicos escalonados o el castillo de Gibralfaro que se eleva desafiante sobre el cerro homónimo. En 1487 las tropas de Isabel y Fernando entran triunfantes en la cosmopolita ciudad que a partir de este momento empieza a crecer extramuros. La Málaga monumental se muestra pletórica en arquitectura religiosa con la iglesia barroca de la Victoria del siglo XVII, el convento y el templo de

Pinos y encinas cubren estas colinas situadas al norte de la ciudad de Málaga entre la vega de Antequera y la Hoya. Sus casi cinco mil hectáreas son Parque Natural.

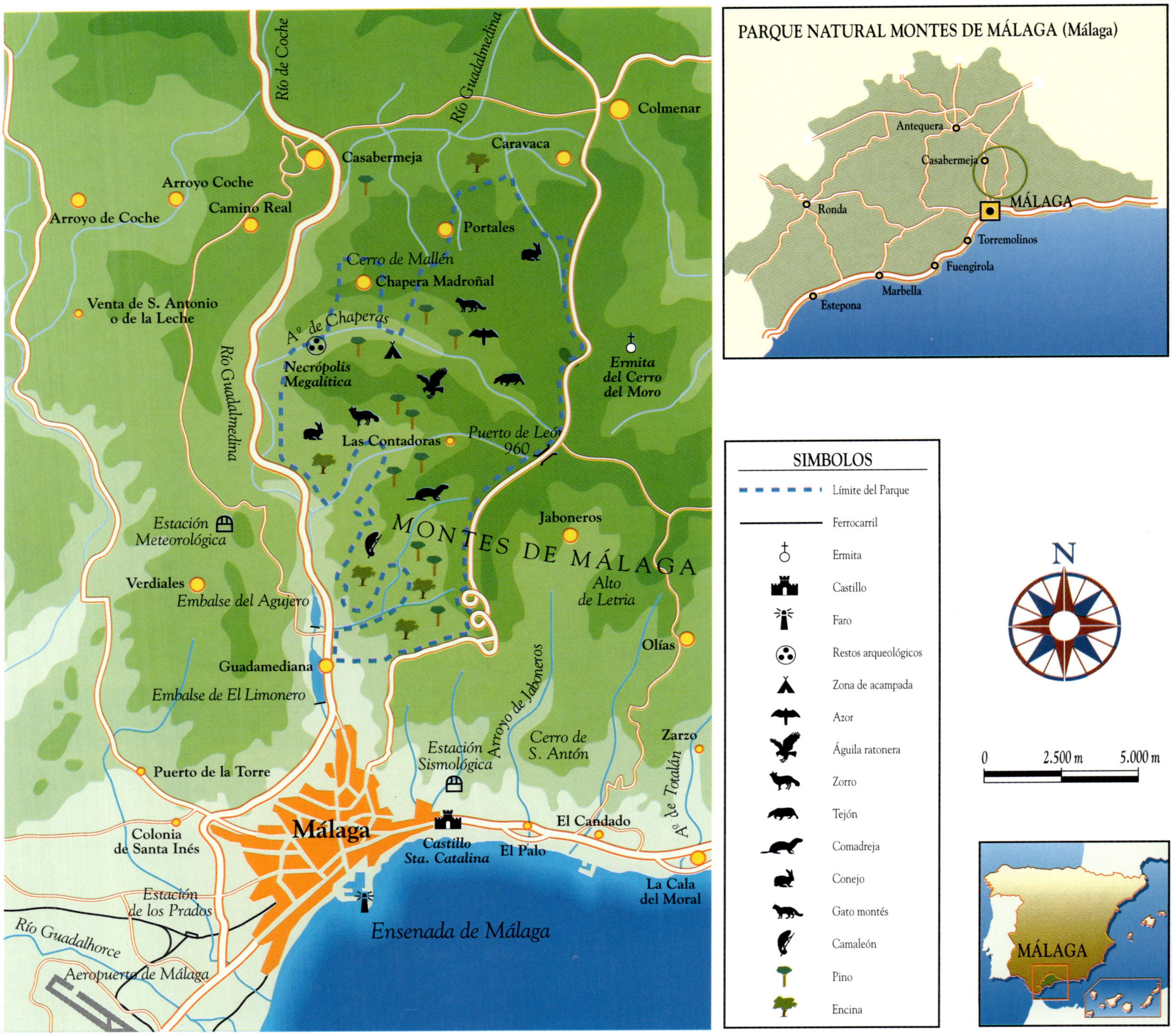

la Trinidad, levantado en el siglo XV en el solar que ocupó el campamento de la reina Isabel en los duros días de asedio, la iglesia del Sagrario, que construida sobre la mezquita mayor conserva una bella fachada pétrea de estilo gótico isabelino de finales del siglo XV... Pero por encima de todas ellas se alza la fastuosa catedral, en la que tanto invirtieron los malagueños durante los siglos XVI, XVII y XVIII. Se atribuye en sus orígenes a Diego de Siloé y en su interior guarda como oro en paño la sublime sillería del coro del siglo XVII. Entre sus construcciones civiles brillan con luz propia el antiguo palacio de los condes de Buenavista, que amalgama estructuras del renacimiento purista, yeserías platerescas y patios mudéjares, la casa y los exuberantes jadines del Retiro, el Colegio de San Telmo o la Casa del Consulado, aunque la obra maestra es el palacio Episcopal del siglo XVI, al que se añadió un nuevo edificio destinado a la residencia del pre-

DATOS DE INTERÉS

Denominación: Montes de Málaga.

Clasificación: Parque Natural.

Situación: Entre la Vega de Antequera y la llamada Hoya de Málaga.

Superficie: 4.762 hectáreas.

Límites: Municipios de Casabermeja y Málaga.

Especies animales más comunes:
Águila ratonera, Azor, Camaleón común, Culebra, Zorro, Tejón, Comadreja,
2 especies de peces
8 especies de anfibios
19 especies de reptiles
27 especies de mamíferos
95 especies de aves.

Especies vegetales más comunes:
Pinos, Encinas, Vegetación de ribera.

Características que lo hacen especial:
Rico en vegetación y fauna.
Su particular conformación en colinas le da una belleza propia.
Típica zona de excursionismo.

Organismo o entidad responsable de su gestión:
Consejería de Medio Ambiente.
Junta de Andalucía.

Acceso: Libre. Debido a la abundancia de excursionistas, existen dos zonas de acampada: una en el Parque Torrijos, con entrada en Fuente de la Reina y otra en el Monte Cuenca, junto al río Guadalmedina.

Los Montes de Málaga son las últimas estribaciones de la cordillera Penibética en su camino hacia el mar. Forman un abrupto anfiteatro que rodea la capital.

lado en el XVIII. En la patria chica del insigne Pablo Picasso no podía faltar un Museo de Bellas Artes. Fundado en 1916 y con sede en el palacio de los condes de Buenavista, alberga una magnífica pinacoteca con interesantes obras de la escuela malagueña del siglo XIX, así como lienzos de Luis Morales el Divino, Alonso Cano, José de Ribera, Zurbarán, Murillo... A su oferta cultural se suma el Museo de Artes Populares, el Arqueológico y el Catedralicio.

Los Montes de Málaga, estribaciones últimas de la cordillera Penibética que se desparraman hacia el mar en deshilachados flecos, componen un abrupto anfiteatro que ciñe a la ciudad de Málaga por el norte como si de una diadema se tratara. Esta unidad orográfica, geológica y ecológica que gira en torno a la capital malagueña ocupa el límite más occidental de la llamada por los árabes Axarquía o tierra del Este, de opuestas hechuras a su contigua tierra

del Oeste que se asienta sobre la Hoya de Málaga o valle del Guadalhorce. La comarca de la Axarquía es la generosa tierra que da vida a los renombrados vinos dulces de Málaga, a sus melosas pasas, a su cristalino aceite... Las jurisdicciones de Casabermeja y Colmenar cierran sus contornos por el norte a babor y estribor, repectivamente. En la frontera sur hay que diferenciar la parte oeste que rodea a Málaga y la oriental que se prolonga hasta el mismo mar Mediterráneo, entre la ciudad y la desembocadura del arroyo Totalán que le sirve de límite por el flanco oriental. Su costado occidental queda cercado por río Campanillas, afluente aventajado del gran Guadalhorce. El río Guadalmedina parte en dos este triángulo invertido enmarcado por Casabermeja, Colmenar y Málaga. En este vasto territorio de abrupta personalidad cobra vida legal en la década de los años ochenta el Parque Natural Montes de Málaga, acreedor de cuatro mil setecientas sesenta y dos hectáreas de bosques de pinos. Se presenta ante nuestros ojos como un paisaje de media montaña donde un sinfín de cursos fluviales excavan pequeños valles cubiertos de una espectacular masa forestal capitaneada por el pino carrasco. Con elevaciones suaves al sur y agrestes al norte, alberga una intrincada red de arroyos, torrentes, torrenteras, torrenterillas y vaguadas que cada año recobran su existencia líquida con la llegada de las lluvias. Todos ellos le entregan hasta su última gota de agua a un voraz

Guadalmedina que en plenitud de facultades enfila rumbo a Málaga como protagonista indiscutible de este recinto sagrado. Nace en el término de Antequera a caballo de las sierras Prieta y El Dornillo, y sinuoso recorre los cincuenta y un kilómetros que le separan del Mediterráneo, donde vierte sus aguas entre el puerto y el inicio de la playa de San Andres de Málaga. Su mal cáracter, propenso a las inundaciones, matuvo en estado de alerta a los habitantes de la capital malagueña durante siglos.

Para reconstruir historicamente la imagen de este entorno malagueño que por su situación geográfica mantiene una íntima relación con la ciudad de Málaga hay que remontarse a los tiempos de los Reyes Católicos. Hasta más o menos el siglo XV, los Montes de Málaga fueron una zona densamente boscosa en la que el encinar y todo su séquito vegetal tapizaban sus vertientes con verdadera profusión. A su verde amparo el río Guadalmedina transcurría profundo y amable. Cuentan las crónicas de la época que en la temporada 1434-1435 las lluvias intensas se prolongaron sin interrupción desde el mes de octubre hasta la primavera. El Guadalmedina, cuyas aguas permanentes abastecían del líquido elemento a la capital malagueña, se vio desbordado e inundó muchas poblaciones a su paso, pero Málaga se salvo de su furia gracias a sus recios muros y al profundo cauce que lucía el río en sus inmediaciones, estimado en «unas cuatro varas por debajo del nivel de las calles». A finales del siglo XV y principios del XVI se inicia la desforestación de los inmensos encinares que cubrían los montes, en un primer momento para fabricar carbón y más tarde para transformar sus suelos en tierras de labor. El cultivo estrella va ser la vid, que desde tiempo inmemorial se prodiga en toda la Axarquía con excelentes resultados. La tala masiva de los Montes de Málaga hizo perder su legendaria profundidad al Guadalmedina entre 1435 y 1487, hasta el punto que en 1540 habia quedado practicamente seco por mor de los aterramientos. Las consecuencias no se hacen esperar y la ciudad vive con terror su primera inundación en 1544. La catrastrofe se repite ante la impotencia de sus vecinos en los

Éste es un territorio de abrupta personalidad con elevaciones suaves al sur y agrestes al norte. Estuvo cubierto de encinares hasta que se talaron en los siglos XV y XVI para hacer carbón.

años 1548, 1580, 1608, 1611 y 1614. En la acaecida el 23 de septiembre de 1926 murieron cuatrocientas personas. Se estudian proyectos para dar solución a la húmeda amenaza, pero en 1628, en 1661 y en 1764 Málaga vuelve a vestirse de luto empapada hasta los huesos. En 1876, el río pone en estado de alerta a la villa en tres ocasiones y todo la población al unísono pide ayuda al gobierno entre sollozos. Los estudios y proyectos se suceden con la misma desidia con la que se abandonan y no consiguen materializarse en soluciones contundentes. La avalancha de agua asola de nuevo la ciudad durante 1901, 1902 y 1905. La inundación que tiene lugar en 1907 arroja un terrible balance de cuatro puentes destruidos, algunos de ellos de hierro, y treinta víctimas mortales. Finalmente, se procede a la canalización del amenazante cauce con muros de un metro y setenta y cinco centímetros de altura a lo largo de cinco mil metros y a la construcción de un pantano regulardor, El Agujero.

Como medida añadida, se inicia en 1907 una tímida repoblación forestal de la margen izquierda de su cuenca que será sistemática a partir de 1919, asi como el desareno anual del río. Un

La deforestación fue peligrosa para la ciudad de Málaga porque el cauce del río Guadalmedina se cegó. Las inundaciones se repitieron sistemáticamente.

Real Decreto de 1927 promulga la expropiación forzosa de los Montes de Málaga y establece las especies arbóreas que van a protagonizar su colonización: el «Pinus Laricio» en las umbrías altas superiores a ochocientos metros, el «Pinus Pinaster» o negral en solanas de estas zonas y en las umbrías medias de quinientos a ochocientos metros y el «Pinus Halepensis» o carrasco en el resto del decorado montañoso. Con las espaldas cubiertas por esta auténtica esponja vegetal, la ciudad de Málaga recobra el sosiego para siempre.

Entretanto, las viñas habían desplazado a los densos encinares que engalanaban la agreste topografía de los Montes de Málaga. El cultivo de la vid marcó la pauta del desarrollo industrial y comercial de la ciudad y su prosperidad vitivinícola dio vida a un saludable emporio mercantil en el siglo XVIII. Al calor de su abundante vino prosperan otras actividades como una importante industria tonelera, regentada por los dominicos del convento de Santo Domingo. La agricultura de los montes nace y se desarrolla con su punto de mira puesto en la exportación. A mediados del XIX, este entramado agrícola-industrial alcanza su cénit de la mano de dos productos: las dulces pasas por una parte y los vinos secos por otra, ambos embajadores del nombre de Málaga por el mundo entero, especialmente dentro de los mercados europeos y americanos. Toda la Axarquia emigraba a los montes en calidad de braceros para cubrir los distintos ciclos de la vid, en especial durante la recolección y secado de la uva para obtener las exquisitas pasas moscatel y en torno a las faenas de los lagares durante los cuatro meses de verano. La potencia de su industria vitivinícola jugará un papel decisivo en el despegue económico de la capital malagueña en los dos primeros tercios de siglo XIX. Con su buen olfato para los negocios, los extranjeros se hicieron cargo desde sus inicios de la actividad exportadora, aunque también entraron al trapo dos ilustres familias oriundas de La Rioja que consiguieron levantar sendos imperios: los Heredia y los Larios. Pero la filoxera se cierne sobre los Montes de Málaga en el aciago año de 1878. La asoladora enfermedad desembarca en el puerto de Málaga y a partir de entonces la actividad

En 1927 fueron expropiados forzosamente los Montes de Málaga y se procedió a su reforestación. Tres especies fueron las escogidas: el pino laricio, el negral y el carrasco.

mercantil empieza su vertiginoso declive. La exportación de pasas y caldos disminuye sensiblemente y los intercambios comerciales hacen aguas cuando EEUU hasta entonces su mejor mercado, se retira de la partida. El abandono masivo de los lagares y la rápida despoblación de los Montes de Málaga no se hace esperar. Muchos de aquellos viñeros se ven forzados a emigrar en tropel a tierras americanas. La erosión irrumpe en estos terrenos agrícolas ahora desnudos y desasistidos que además se ven sometidos a un pastoreo de cabras desbocado, antaño complemento indispensabe de su explotación. Los Montes de Málaga se convierten en un laberinto de barrancos y crestas estériles, desgarrado paisaje donde tiempo atrás refulgían blancos cortijos y hoy sucumben al olvido sobre sus llanos y laderas. Además, el Estado se adueña de la mayor parte de fincas de la margen izquierda del Guadalmedina para llevar a cabo su beatífica repoblación forestal. Su esplendor económico pertenece al pasado, pero los años no pasan en balde y este paraíso de las coníferas vuelve a la vida con la explotación de sus bosques y su modesta producción del delicioso «Vino de los Montes».

El actual Parque Natural Montes de Málaga hunde pues sus raíces en la repoblación inaugurada en la década de los años treinta del presente siglo para preservar a la capital malagueña de las reiteradas inundaciones que padecía a costa del alterado río Guadalmedina. Antes de declararse espacio protegido, los Montes de Málaga representan por tradición un área de expansión recreativa de la ciudad junto a la que descansan. Los domingueros siempre le agasajaron con

El arroyo de la Chapera es uno de los muchos cauces de agua, torrentes, torrenteras y vaguadas que cada año recobran su existencia en la época de las lluvias. A su paso surgen pequeños valles.

Durante el siglo pasado estos montes estuvieron cubiertos de vides. Las pasas y el vino enriquecieron a la vecina ciudad de Málaga. Una plaga de filoxera acabó con las uvas y los campos quedaron abandonados.

sus visitas y para los malagueños este paisaje forma parte de sus señas de identidad. Debido a su proximidad con la metrópoli, vive muy de cerca las presiones urbanísticas y un elevado riesgo ante posibles incendios forestales. En sus fronteras confluyen los términos municipales de Málaga, Colmenar y Casabermeja. Esta última población se inscribe dentro de la ruta de los vinos de Málaga junto con Antequera y Periana. Con calles generosas y empinadas retrata al típico pueblo andaluz y cifra sus encantos en su pintoresco cementerio, en sus termas romanas y en las ruinas de Torre Zambra. A pocos kilómetros al norte de la ciudad de Málaga, sorprende al viajero un paisaje de acusadas pendientes y laderas convexas cuajadas de pinos y surcadas por una red infinita de caminos, veredas y sendas. Entre colinas redondeadas y serpenteantes vaguadas, la vegetación autóctona mediterránea trata de imponerse, fruto de una regeneración natural que poco a poco nos devuelve la imagen previa a la deforestación que lucían estos montes hace siglos. Desde los ochenta metros de altura que alcanza en los Molinos de San Telmo hasta el cerro de Fuente la Reina que enarbola la máxima altitud con mil treinta y dos metros de fuste, este macizo pizarroso de modesta envergadura domina la imagen del Mediterráneo. El mar y la montaña se funden en panorámicas postales al contemplar el horizonte desde su miradores naturales como el de Martínez Falero o el de El Jabalí. Valles y elevaciones se superponen en intrincado mosaico teñido de verde y envuelto en mil aromas. Sólo quedan algunos bosquetes aislados y poco representativos de lo que debió ser un abigarrado encinar. Los cultivos mixtos de olivares y almendros comparten espacio con amplias extensiones de pino carrasco en auténtico monopolio. Aún persisten retazos de su pasado vegetal a través de una variante térmica del palmito, la esparraguera, la adelfa y su predilección por lares húmedos, el aladierno, el rusco, el terebinto, el mirto, el oxicedro... En el monte bajo toman asiento el matagallo, el romero, el cantueso, el tomillo, el torvisco, la altavaca, la mejorana, el juagarzo, la jara, la ahulaga, el espino majoleto, las impenetrables zarzas, el esparto o el tojo. El lentisco y la coscoja se alzan pletóricos como verdaderos

La ciudad de Málaga ha tenido siempre a estas montañas como su tradicional lugar de escapadas. El jardín trasero al que todos acuden en busca de descanso y aire más fresco y puro.

árboles, al igual que la retama, que hasta ayer mismo se empleaba para caldear los hornos de las panaderías de la ciudad, transportada en haces a lomos de bestias. De forma esporádica nos salen al encuentro granados, higueras, laureles y frutales diversos, asi como madroños, encinas, alcornoques, algarrobos, acebuches, chopos, sauces, fresnos, castaños, pinos piñoneros y hasta algún espécimen del pino de Monterrey. Durante los meses de octubre y noviembre, en el sotobosque de sus espectaculares pinares brotan a centenares uno de los hongos más codiciados, el níscalo.

Pero la exuberancia vegetal de los Montes de Málaga no acaba aquí... Su privilegiado clima ha permitido instalarse en estos parajes a especies tropicales únicas en Europa. Por su especial situación los vientos apenas le rozan y la influencia marina dulcifica su peculiar climatología. El invierno no se conoce y gira en torno a los trece grados de temperatura. La última nevada que blanqueó ligeramente sus cumbres tuvo lugar en 1954 y la anterior en 1884. En las regiones altas, como en los picos de La Reina y Molino de Viento, la niebla hace su aparición unos cien días al año, aunque a media mañana desaparece sin dejar rastro. En la finca de La Concepción o en la de San José, donde pervive la hermosa casa-palacio que construyeron los Heredia en años de gloria, florece una auténtica selva tropical. Las masas de celindos, bambúes, aligustres y áloes inundan de variados tonos verdes un paisaje que explota en colores cuando llega la primavera; los ficus elástica, nítida y rubiginosa compiten en esbelteza con los jacarandas de flores azules, los magnolios de varias especies y las palmeras cocoteras; los plátanos orientales, lo cedros y los cycos crecen viciosos junto a las majestuosas araucarias y las gigantescas aves del paraíso; los dragos canarios echan un erguido pulso a las palmas reales procedentes de Las Antillas y con los «Cocculus laurifolius» oriundos del Himalaya... Tras la visión de este exultante edén nos adentramos de nuevo en el Parque Natural Montes de Málaga para recobrar el sentido de la realidad y de la geografía ibérica. No es de extrañar que en Lomas de Aguilar, al alcanzar el pico Molino Viento nos salga al paso una pareja de jabalíes acompañada de sus rayones se abre camino entre el espeso matorral y que el vuelo de un elegante azor se sume a la bucólica estampa. Pero entre sus frondosos bosques también se dan cita la gineta, el zorro y el turón; la garduña, el gato montés, la ardilla y el meloncillo; el murciélago, el erizo y el conejo a la carrera. Lagartos, culebras, salamanquesas, lagartijas, ranas, sapos y salmandras se apresuran a representar a los anfibios y reptiles, aunque su verdadero protagonista es el astuto camaleón, que encuentra aquí uno de escasos enclaves de la Península en el que pervive a sus anchas. El águila real y la culebrera surcan el cielo en busca de una presa fácil, al igual que el cernícalo. La perdiz roja o la paloma torcaz inundan el aire con sus trinos en compañía de tórtolas,

zorzales, arrendajos, carboneros, cucos, herrerillos, jilgueros, escribanos, ruiseñores y una abultada colonia de rabilargos. Entre las aves nocturnas, el Parque Natural Montes de Málaga acoge en su oscuro seno al búho real y su emblemático ratonero.

Ventas y cortijos abandonados a su suerte salpican el corazón de los Montes de Málaga con su decadente tipismo. Bajo los nombres de El Boticario, Fuente de Reina, Marín, Contreras, Maruján, Don Ventura, Serranillo, Jotrón, Santillana, El Conde o Mayorazgo nos hablan de un glorioso pasado que aún permanece vivo en el recuerdo de sus gentes. Fueron en su mayoría construidas en el primer cuarto del siglo pasado y a duras penas se mantienen en pie como vestigios de su más rancia aquitectura popular y moribundo documento etnográfico. Sus materiales y maneras guardan una íntima dependencia con el medio que ocupan, adaptados fielmente a su paisaje y orografía. Algunas de ellas nos hablan del sentido religioso de los moradores de estos montes con capillas u oratorios anejas a la vivienda, donde patronos, braceros y asalariados celebraban sus efemérides coincidiendo con el fin de las labores de campo, en especial tras la vendimia y la recogida de los paseros. Muchas de aquellas sonadas fiestas de varios días de duración, concluían con su correspondiente procesión o romería, como era habitual en el fabuloso lagar de Jotrón. Ante lo abrupto del terreno, su emplazamiento jugaba una baza importante a fin de abarcar la máxima superficie de la finca con la vista y cercionarse de la cercanía del agua. Sus gruesos muros de piedra, sobre todo de pizarra, se levantaban rotundos, empleando como mortero el barro gredoso que tanto abunda en estos montes junto con cal viva para imprimirle consistencia y durabilidad. Después eran enjalbegadas con cal, tarea repetida anualmente en aras de su poder desinfectante y de protección frente al sol radiante. De dos plantas y excepcionalmente de tres, se remataban con techos a dos aguas cubiertos con la típica teja de cambujo, una pieza irregular semicilíndrica de barro cocido. Se montaban sobre una voluminosa capa de barro que descansaba sobre un lecho de cañas, unidas entre sí con

El invierno es un desconocido en este Parque. Sólo ha nevado una vez durante todo este siglo. Las nieblas cubren los picos más altos durante algunos meses del año.

Abundan en el monte los jabalíes, ginetas, zorros, turones, garduñas, gatos monteses, ardillas y conejos. El camaleón tiene aquí uno de sus últimos enclaves

cuerdas de esparto que generalmente se tejían en ese mismo momento, que a su vez se apoyaba sobre vigas de madera. Las viviendas residenciales y las grandes casas de labor sustentadas por vigas de eterno pino rojo, lucían en sus tejados piezas de barro artisticamente vidriadas de color blanco, azul, amarillo y rojo que en la distancia le otorgaban un toque de belleza y distinción. Los suelos se empedraban con losetas de barro o mazarí, así como la zona que a modo de camino ponía en contacto la puerta de la vivienda con los patios o chozos destinados a las caballerías. En las viviendas residenciales a donde acudían los señoritos cuando las faenas vitivinícolas llegaban a su cénit durante el verano, se permitían ciertos refinamientos. Es el caso de la hacienda de San José con sus suelos policromados de mármol circundados por grecas de filigrana, el del Lagar de Jotrón con sus pinturas murales de una bella alegoria de las cuatro estaciones, o el de El Lagar de los Almendrales con sus suelos blancos de marmol. Puertas grandes y gruesas de madera de pino, cuyas partes quedaban unidas a perpetuidad con el típico clavo de hierro de cabeza semiesférica y remachado por el lado opuesto, remataban el conjunto en compañía de ventanas con rejas de hierro.

El Parque Natural Montes de Málaga nos invita a conocer este entorno en profundidad a través de rutas señalizadas en distintos colores. Las Contadoras y el Lagar de Torrijos y El Cerrado centralizan sus visitas con áreas de acampada a las que se puede acceder tras solicitar los pertinentes permisos. Las Contadoras dispone de un Aula de la Naturaleza que ofrece cursos sobre el Parque, senderismo con guías, talleres de ecucación ambiental para estudiantes... Junto al hermoso arroyo Chapera, en el Lagar de Torrijos se ha instalado un museo etnológico en una antigua casa de labranza que acerca al forastero a la cultura tradicional de la zona. Para ambientarnos cuenta con una vieja prensa de 1843 que cada septiembre transforma trescientos kilos de uva en vino seco de Los Montes ante la mirada del curioso viajero y un molino de aceite de principios de siglo que también se presta a una demostración práctica en época de aceituna

gracias al resignado tesón de la burra Alicia. El Jardín Botánico y el Centro de Recuperación de Rapaces se suman a sus quehaceres científicos y educativos. La oferta deportiva descansa en un Campo de Tiro Olímpico situado en Jotrón y para los amantes del riesgo y la velocidad, anualmente se celebra en la carretera C-345 Málaga-Colmenar un vistoso rallye automovilístico, popularmente conocido como «La subida a los Montes». Esta vía comarcal que bordea el Parque por su flanco oriental, está salpicada de ventas donde degustar los platos autóctonos regados con los deliciosos vinos de la tierra. Las sopas y los pescados monopolizan su exquisita cocina. La sopa de tomate de la Sierra Blanca, las sopas costeras a base de pescado o el ajo blanco malagueño dan fe de su arte culinario. Entre los guisos caseros destacan los variados arroces marineros, la cazuela con almejas o bacalao, las habichuelas verdes, la cazuela de arroz a la malagueña, el potaje blanco, los calabacines rellenos... El pescado tiene sus platos fuertes en el atún con tomate, los espetones de sardinas, el cazón con patatas y almendras o el bacalao al la malagueña. La degustación de su afamada fritura es un placer de dioses y el cosmopolita boquerón se presta de mil amores al aperitivo en ensalada, frito, en vinagre, en escabeche... La caza tambien esta presente con la perdiz en gazpachuelo, el conejo a la cortijana, las codornices con distintas recetas, el ensopado de perdiz y codornices. Con los dulces nos tienta a través de la batata confitada, el alfajor, los mostachones de piñones, los borrachuelos, los roscos y las tortas en sus mil versiones.

Desde el Parque Natural Montes de Málaga el valle del Guadalhorce se encuentra a un tiro de piedra. Su desembocadura entre Málaga y Torremolinos se declaró paraje natural en aras de su condición de parada y fonda para muchas aves migratorias costeras. Curso arriba y tras atravesar Cártama y Pizarra, la villa de Alora nos da la bienvenida desde lo alto de un cerro presidido por su castillo y murallas árabes. A poca distancia nos espera la Garganta del Chorro o Desfiladero de Los Gaitanes con su espectacular orografía de calizas estratificadas. Junto a Villanueva de la Concepción, El Torcal

Se mantienen en pie ventas y cortijos abandonados cuando la filoxera arruinó estos montes. Sus gruesos muros de piedra empleaban el barro gredoso como mortero. El encalado era fundamental en estas casas.

Culebras, lagartos, salamanquesas, lagartijas, sapos, salamandras y ranas, aprovechan los cursos de agua y las umbrías y se adentran en las ruinas para demostrar que son los auténticos dueños de estas montañas costeras.

de Antequera es otra excursión memorable que nos cautiva con la belleza de su paisaje. Desde aquí sería pecado no acercarnos hasta Antequera, Conjunto Histórico-Artístico de monumental talla, donde tampoco hay que perderse los dólmenes prehistóricos de Menga, Viera y Romeral. Hacia oriente se extiende la Axarquía, enmarcada por los Montes de Málaga y la vertiente sur de las sierras de Tejada y Almijara. Esta comarca se perfila accidentada entre suaves montañas que se dejan morir en la costa y nos invita a surcarla por la ruta del sol y del aguacate, la del vino, la pasa, el aceite... Antes de partir hacia otras tierras merece la pena detenerse en el centro neurálgico de la provincia. Desde el Mirador Ciudad de Málaga o desde el castillo de Gibralfaro la vieja metrópoli lanza una mirada melancólica a esos montes con los que siempre compartió destino, en la riqueza y en la pobreza, en la salud y en la enfermedad... Con su frondoso manto forestal como telón de fondo y a salvo ya del traicionero Guadalmedina.

Parque Natural Sierra de Andújar

Sierra Morena, conocida como Sierra Mariánica en la antigüedad, se perfila contra el horizonte a través de una sucesión de lomas oscuras que no tiene fin... Pero la suavidad de sus cimas de trazado horizontal marca las distancias entre La Mancha y Andalucía con rotundidad. Tras su emblemática silueta se extiende el reino del olivo y el valle del Guadalquivir. Del costado oriental de esta cordillera, el Parque Natural Sierra de Andújar ha tomado prestadas sesenta mil ochocientas hectáreas que encierran todo su sabor. Los viajeros ingleses que visitaron España en el XIX describieron con detalle este paisaje serrano que también sirvió de refugio a bandoleros y salteadores de caminos. El bosque mediterráneo en estado puro se perpetua sobre su epidermis de pizarra, granito y cuarcita bajo la frágil custodia del lobo, el lince y el águila imperial; jaras, madroños y cantuesos tapizan quebradas y dehesas en pos de bosquetes de encinas y alcornoques, mientras su aromático verdor impregna de serrana bravura el recato de sus hechuras, comprendidas entre los quinientos y los mil trescientos metros de altura; grandes rocas graníticas salpican el encinar adehesado y la imagen del toro bravo se presta a componer su estampa más ibérica; la agresividad prende en sierra Quintana con escarpadas moles de cuarcitas; junto a los cauces de sus ríos mora su espíritu más silvestre entre frenos, alisedas y sauces... La vocación cinegética le viene de antiguo y dentro de sus fronteras se rinde culto al jabalí y

Alturas graníticas de la mítica Sierra Morena. Marca, frontera y límite entre dos reinos. Tierra de bandoleros y leyendas; de habitantes bravos como su animal más emblemático: el toro de lidia.

a los cérvicos, en especial al ciervo que vive a cuerpo de rey entre montería y montería. El reconocimiento de sus cualidades como cazadero de lujo llega en 1973, cuando parte de su superficie nororiental se institucionaliza en los Cotos Nacionales de Caza de Lugar Nuevo y Selladores-Contadero. Hoy la caza monopoliza su explotación a través de inmensas fincas privadas que siembran el paisaje de vallas metálicas. Su pujanza desplazó a agricultura y a la ganadería extensiva, de rancia tradición en estas serranías. La saca del corcho, la obtención de leña y carbón vegetal o la recogida las piñas también encuentran sitio sin menoscabo del entorno natural. La apicultura y la crianza del cerdo ibérico constituyen otra fuente de riqueza poco potenciada. Y como en un juego de cajas chinas, este espacio consagrado con fervor a la flora y fauna mediterránea desde que 1989 adquiere la categoria de Parque Natural, acoge en sus dominios un renombrado centro de peregrinación, el Santuario de la Virgen de la Cabeza, visitado por miles de romeros cuando la primavera irrumpe explosiva en este decorado mariánico.

En las laderas orientadas al norte y en los barrancos, pueden verse manchas de matorral autóctono, formadas por madroños, lentiscos y también mirtos.

Sierra Morena conoce al hombre en el Neolítico. Su abundante caza actua como reclamo para aquellos primeros asentamientos humanos que contemplan sus sierras. En los períodos fríos cundía la estepa y cazaban caballos, mientras que en los menos fríos y más húmedos prosperaba el esplendor del bosque y la víctima era el ciervo. Posteriormente y en oposción a los pueblos agricultores que toman asiento en La Vega, se convierten en pastores de ley. La presencia de filones de cobre y galena argentífera en Sierra Mariánica estimuló a las sucesivas culturas que se instalarón aquí. Hacia el año 1600 antes de Cristo se establecen poblados en la cuenca minera del Rumblar, dedicada a la producción cobre a gran escala. El poblado de Peñalosa en Baños de la Encina es el más representativo. Se levanta junto al Rumblar en un espolón defensivo con casas rectangulares de pizarra y madera. Por encima de sus tejados surge una acrópolis fortificada desde donde los poderosos controlaban al pueblo. Otro hallazgo importante fueron las esculturas ibéricas del Cerrillo Blanco (Porcuna), elaboradas en piedra arenisca blanca de grano muy fino. Datables hacia la segunda mitad del siglo V anterior a nuestra era, se atribuyen a algún maestro griego o en su defecto a un autóctono aleccionado por éste. Los hombres prehistóricos encontraron un filón de cuarcitas para fabricar sus rudimentarias herramientas en la línea de fractura del norte del Parque. Además, los abrigos se concentran en este abrupto territorio donde se alzan paneles rocosos lisos y verticales que no dudaron en

La vegetación característica son los encinares y alconocales en forma adehesada. En las zonas altas y húmedas aparecen en cambio los quejigos.

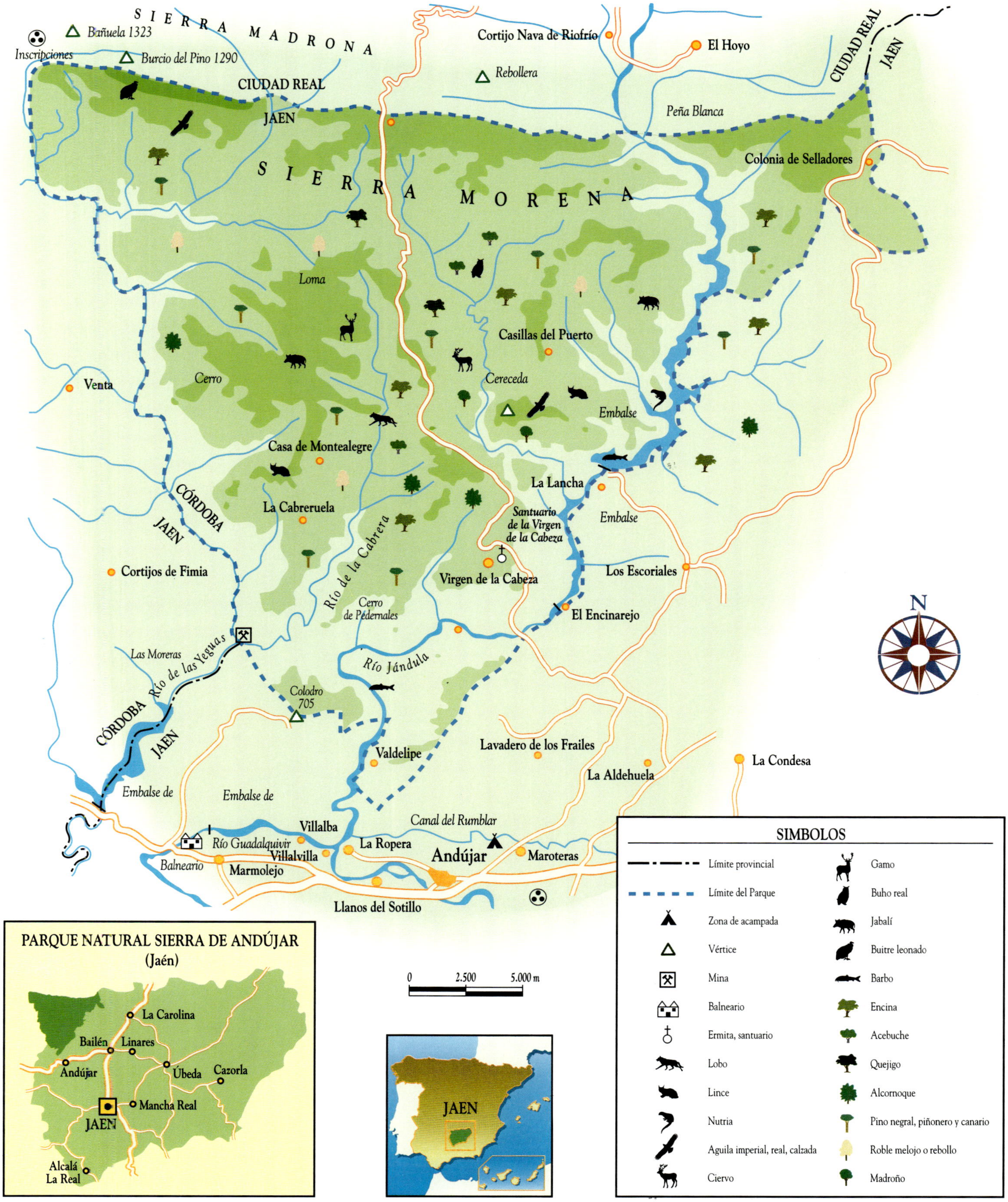
SIERRA MADRONA
Bañuela 1323
Inscripciones
Burcio del Pino 1290
CIUDAD REAL
JAEN
Cortijo Nava de Riofrío
El Hoyo
Rebollera
CIUDAD REAL
JAEN
Peña Blanca
Colonia de Selladores
SIERRA MORENA
Loma
Casillas del Puerto
Cereceda
Venta
Cerro
Embalse
Casa de Montealegre
La Lancha
CÓRDOBA
JAEN
La Cabreruela
Santuario de la Virgen de la Cabeza
Embalse
Cortijos de Fimia
Virgen de la Cabeza
Los Escoriales
Río de la Cabrera
Cerro de Pedernales
El Encinarejo
Las Moreras
Río de las Yeguas
Río Jándula
CÓRDOBA
JAEN
Colodro 705
Valdelipe
Lavadero de los Frailes
La Condesa
La Aldehuela
Embalse de
Embalse de
Canal del Rumblar
Villalba
Río Guadalquivir
La Ropera
Villalvilla
Andújar
Maroteras
Balneario
Marmolejo
Llanos del Sotillo
N
PARQUE NATURAL SIERRA DE ANDÚJAR
(Jaén)
La Carolina
Bailén
Linares
Andújar
Úbeda
Cazorla
Mancha Real
JAEN
Alcalá La Real
0
2.500
5.000 m
JAEN
SIMBOLOS
Límite provincial
Límite del Parque
Zona de acampada
Vértice
Mina
Balneario
Ermita, santuario
Lobo
Lince
Nutria
Aguila imperial, real, calzada
Ciervo
Gamo
Buho real
Jabalí
Buitre leonado
Barbo
Encina
Acebuche
Quejigo
Alcornoque
Pino negral, piñonero y canario
Roble melojo o rebollo
Madroño

emplear como pétreo lienzo. Los abrigos de Nava el Sach, El Rodriguero, Barranco del Bu y Selladores muestran pinturas de estilo esquemático. Retratan escenas de caza y pastoreo acompañadas de puntos, formas ramiformes y soles que parecen invocar la protección de alguna deidad misteriosa. En los abrigos de Las Jaras y del Canjorro de Peñarrubia, aquellos artistas primitivos ya se habían pulido en el arte del pincel y describían figuras semiesquemáticas y seminaturalistas. En el primero llama la atención un fragmento que representa un poderoso árbol del que caen frutos a mansalva y tres figuras humanas, una con arco y otra con una azuela o palo de cavar. En el abrigo del Canjorro de Peñarrubia, la pinturas ruprestres narran episodios sobre el arte de domesticar a los caballos. Aparecen siluetas humanas que llevan del rozal a asnos o caballos, junto con parejas de distinto sexo, soles y otros símbolos indescifrables.

El Parque Natural Sierra de Andújar se asienta sobre el esquinazo noroccidental jienense, flanqueado al norte y al poniente por la provincias de Ciudad Real y Córdoba. Sus confines occidentales se ciñen fielmente al límite provincial cordobés, codo a codo con el Parque Natural de Cardeña y Montoro. El río Yeguas orla esta linde en algunos tramos con encinares y pastizales que se prolongan hasta sus mismos márgenes, donde se localiza una vegetación dispersa de fresnos y adelfas. Los embalses de Jándula y Encinarejo remansan las aguas del río Jándula que cierra

DATOS DE INTERÉS

Denominación: Sierra de Andújar.

Clasificación: Parque Natural.

Situación: En la zona más noroccidental de la provincia de Jaén, limita al oeste con el Parque Natural de las Sierras de Cardeña y Montoro.

Superficie: 60.800 hectáreas.

Límites: Términos municipales de: Andújar, Baños de la Encina, Villanueva de la Reina y Marmolejo.

Especies animales más comunes:
Lobo, Lince, Perdiz, Codorniz, Cernícalo vulgar, Buitre leonado, Ciervo, Jabalí, Zorro, Paloma torcaz, Tórtola, Águila imperial, Halcón peregrino, Golondrina común,

Especies vegetales más comunes:
Encinas, Alcornoques, Quejigos, Jara pringosa, Coscoja,Madroño, Lentisco, Mirto,

Características que lo hacen especial:
Las manchas de vegetación natural más extensas de Sierra Morena. Ecosistemas más típicos de la sierra.

Organismo o entidad responsable de su gestión:
Consejería de Medio Ambiente.
Junta de Andalucía.

Acceso: Libre.

Una carretera provincial cruza el Parque Natural y permite recorrer el camino entre Andújar y la meseta castellana. La presencia de los montes es constante.

filas por su costado oriental en calidad de frontera natural. Andújar, epicentro de una comarca dedicada al cultivo del olivar y en menor medida al cereal y al algodón, le guarda las espaldas por el sur acompañada a diestra y siniestra por Villanueva de la Reina y Marmolejo. En la uniformidad de su perfil montañoso, alomado y de escasa pendiente, irrumpen con fuerza numerosos valles fluviales que en determinados lugares se muestran abruptos y esculpen laderas de acusada inclinación. Es el caso del río Sardinilla, que discurre angosto y encajonado hasta encontrarse con el Jándula. Aunque la nota agreste corre a cargo de las sierras de Quintana y de los Calderones, cuyos afloramientos de cuarcita se desmarcan del paisaje montuoso con la agresiva estampa de escarpes y canchales sobre la parte más septentrional del Parque. Con 1290 metros puestos en pie, la Sierra de Quintana ostenta el récord de altura, seguida a distancia por las cimas de Selladores (989 m), Algibillo (837 m), Cerecedo (812 m), Enjambradero (755 m), Cerro del Cabezo (686 m) y Cerro Gordo (463 m). Toda su red hidrográfica rinde tributo al gran Guadalquivir bajo los nombres de Jándula, Yeguas, Sardinilla, Valmayor o Cabrera, a su vez deudores de un tropel de regatos y riachuelos. Su caudal es intermitente porque con los rigores del verano se deja de escuchar el rumor de sus aguas. El río Jandula, vena maestra del Parque Natural Sierra de Andújar, ofrece un interesante tramo desde embalse del Encinarejo hasta su confluencia con el padre Guadalquivir. Las áreas recreativas que agasajan al visitante se distribuyen en Doña Rosa, junto al embalse del Encinajero sobre el río Jándula, El Jabalí, cercano al Santuario de Nuestra Señora de la Cabeza, y Las Viñas de Peñallana. Su oferta de actividades incluye alquiler de casas rurales, caballos y guías, senderismo, rutas ecuestres y en bicicleta de montaña, actividades acuáticas, caza fotográfica, travesías de montaña...

En el Parque Natural Sierra de Andújar concurren los términos municipales de Villanueva de la Reina, Marmolejo, Andújar y Baños de la Encina. Bajo el puente que se alza sobre el Nilo andaluz se encuentra el balneario de aguas medicinales de Marmolejo. Las cualidades de esta fuente mineral de «agua vitriólica o marcial»

El buen estado de la vegetación ha permitido que un buen numero de mamiferos y aves se asiente en este territorio. Ciervos, gamos, muflones, jabalies y corzos corren junto al lince y el lobo.

ya aparecen reseñadas en el tratado de Tissot, un prestigioso médico frances del siglo XVIII. La ciudad de Andújar, famosa por su aceite y su cerámica, nos da la bienvenida con un puente romano que salva el Guadalquivir. En sus orígenes tuvo doce ojos, pero los árabes lo ampliaron hasta los catorce que hoy luce. Conserva retazos de su muralla musulmana, residencias nobiliarias construidas entre los siglos XVI y XVIII como la casa-palacio del los Gome del Valdivia, la de los Cárdenas y Valdivia, la de los Coello de Portugal, la casa de las Argollas... A su patrimonio arquitectónico se suma la iglesia de Santa María la Mayor, levantada entre el siglo XIV y segunda mitad del XVIII; la iglesia de San Miguel, que con su esbelta torre se erige en el templo más antiguo de la villa con dos portadas góticas y una plateresca de la primera mitad del siglo XIV; el convento de San Juan de Dios; la Torre del Reloj; el imponente Ayuntamiento que preside su inmensa Plaza de España, fundado como Casa del Cabildo y de Comedias en el XVII... Su característica cerámica de fondo blanco y pintada en azul tiene denominación de origen a golpe de tradición. Su pieza estrella es la bella jarra grutesca, profusamente decorada con flores, hojas, figurillas humanas, motivos geométricos... La jarra estudiante, llamada así por tener más cabeza que cuerpo, y la jarra de caño en forma de pera alargada son ya objetos clásicos. El silbato de caballito con jinete nació en el siglo XIX para abuchear y silbar a un ejército francés recién derrotado en la batalla de Bailén que acude a Andújar a firmar la capitulación. De este primer modelo surge luego el picador, el garrochista o el soldado en un despliege de policromia. Baños de la Encina ostenta el título de Conjunto Histórico-Artístico desde 1969, pero su emblemática fortaleza árabe se lleva todos los honores. Su lápida fundacional, cuyo original descansa en el Museo Arqueológico Nacional, reza así: «En el nombre de Dios Clemente, el Misericordioso, mandó construir esta torre el siervo de Dios Abdala Al-Hacam II Almonstasir Bilá. Emir Almuminin cuya vida Dios guarde, bajo la dirección de su servidor y caid Maysur Ben Alhacam. Se terminó con el auxilio de Dios y su ayuda. Y esto fue en la luna de Ramadán del año siete y cincuenta y trecientos». Se mandó construir en tiempos del califa Al-Hacam II y sus obras finalizan en el año 968. Se trata de unode los pocos castillos que perduran de la época califal. Declarada Monumento Histórico-Artístico Nacional en 1931, exhibe planta irregular rodeada de una muralla en la que se insertan catorce torres de tapial de calicanto. Tras la conquista, los cristianos le añadieron una torre del homenaje de sillería. Su única puerta muestra un arco de herradura ligeramente apuntado y enmarcado por otro mayor. Sobre sus muros ondea la bandera europea, otorgada por el Consejo Europeo al cumplir el primer milenio de

su fundación. Pero saborear Baños de la Encina implica conocer su intrincado urbanismo lleno de tipismo, sus casas señoriales de los siglos XVII y XVIII, la iglesia gótica de San Mateo, el Ayuntamiento...
Empapados de cultura e historia llega la hora de adentrarse en las intimidades de esta reserva ecológica, donde un tupido manto de matorral y bosque mediterráneo se extiende ante nuestros ojos durante kilómetros y kilómetros. El Parque Natural Sierra de Andújar acapara los retazos más amplios de la vegetación genuina de Sierra Morena. La encina ejerce de sumo sacerdote en una ceremonia en la que también participa el alcornoque y el quejigo, que sustituye a ambas especies árboreas y toma las riendas en las zonas más altas y húmedas. Completa su currículum vegetal el roble melojo, un ejemplar de influencia atlántica que se encarama en las faldas de Sierra Quintana y osa trepar hasta los 1290 metros de altura. La encina es el árbol por antonomasia en el Parque Natural Sierra de Andújar. Los bosquetes de encinas, los encinares aclarados y las dehesas ganaderas con vacas y ovejas pastando monopolizan el paisaje. Aunque desfigurados, los bosques originales del «Quercus rotundifolia» perduran en los barrancos más cálidos y a su alrededor florece el mirto, la zarzaparrilla, el acebuche y el espárrago blanco. En los encinares castigados en el pasado por el piconeo, el carboneo y la desforestación, son frecuentes la coscoja, los jarales y el cantueso. Los alcornoques aportan pingües beneficios a través de su preciada corteza. Suelen echar raíces en las solanas por encima de los setecientos metros de altura, aunque también hacen carrera en las umbrías junto al quejigo. A su alrededor prosperan densos matorrales de brezos y olivillas capitaneados por el madroño, una especie arbustiva muy estimada por su gran cobertura, la elevada proteción que ejerce sobre el suelo y la variada fauna que atrae hacia su intrincada e intransitable naturaleza. El Peñón del Tamujar y la Loma de Puerto Alto guardan el frasco de las esencias. En su umbría crece un madroñal infranqueable salpicado de quejigos, alcornoques y encinas. Los Escoriales fue un antiguo enclave minero y en dirección

Toda la red hidrográfica de estas montañas rinde tributo al Guadalquivir. Arroyos, torrentes y ríos como el Jándula, Yeguas, Sardinilla o Valmayor, corren a su encuentro.

hacia Contadero-Selladores se extienden dilatadas dehesas de encinas y pequeñas corros de alcornoques. Son las fincas de las Navas de Pedro Vagal y los Alarcones, donde pasta ensimismado el toro de lidia ajeno a su destino. Desde sus bravos dominios se divisa el Santuario de la Virgen de la Cabeza a la izquierda y a la derecha el barranco del Rumblar, muy próximo a la localidad de Baños de la Encina. A continuación entramos en las tierras de Contadero-Selladores, un templo entregado en cuerpo y alma a la caza y el madereo. Desde el norte de la Península Ibérica, el roble melojo ha viajado hasta aquí para tomar asiento sobre la sierra de Quintana, cuyas vertientes tiñe de tonos amarillentos al llegar el otoño. Estos árboles, inéditos en tierras andaluzas, se asientan sobre suelos silíceos sometidos a copiosas lluvias. En las áreas más bajas comparten espacio con el madroño, pero al superar los mil cien metros hace su aparición el sorbo. Los pinares de repoblación entraron en escena en los años cuarenta dominados por el pino piñonero y el negral. Hoy se yerguen altaneros en la Loma del Fonta-

El río Guadalquivir, arriba, es el gran eje de la comarca y de Andalucía. A su paso surgen vegas y florece la vegetación. Algunos de los puentes que lo cruzan son romanos y árabes.

narejo, en las Viñas de Peña Llana, cerca del Santuario de la Virgen de la Cabeza moteados de cedros y cipreses, en el Puerto Madrona junto al pantano Encinarejo. Los fresnos toman los cursos medios de los ríos y arroyos que surcan el Parque acompañados de sedientos sauces, que se instalan en su misma orilla con adelfas, tarays, tamujos, zarzas y juncales churreros componiendo densos bosques de galería. En las zonas altas, más angostas y húmedas, triunfan las alisedas con tal frondosidad que en primavera generan un peculiar microclima que invita a su regazo a un tropel de especies. El río Yeguas se deja ribetear por una vegatación dispersa de fresnos y adelfas, mientras que en el riacho de los Esparragones o en el barranco del Jándula, que representa el mejor bosque de ribera de todo el Parque, la fresnada alterna con el tamujar y los rosales silvestres.

A la sombra de estos monumentos vegetales prospera el sotobosque mediterráneo de pura cepa. El cantueso tapiza Sierra Morena como señal inequívoca de la degeneración del ecosistema del encinar; en barrancos y laderas inclinadas orien-

En la ribera de los ríos crecen sauces y fresnos. Las dehesas están cubiertas de encinares, alcornoques y olivos. En fincas como las Navas de Pedro Vagal pastan los toros.

tadas al norte encontramos toda la magia de la vegetación autóctona a base de madroños, mirtos y lentiscos en torno a encinas y alcornoques; en otras ocasiones les relevan de sus funciones el piruétano, el enebro y el labiérnago, conocido localmente como «olivilla»; el mirto permanece todo el año vestido de verde y en primavera se adorna con flores blancas; la zarzaparrilla trepadora se adueña de matorrales y bosques cálidos; la jara pringosa ha conquistado con su fragancia los terrenos desforestados y dedicados en el pasado al cultivo del cereal; el jaguarzo blanco, un colonizador nato tras los incendios, es huésped habitual de los lugares frescos y umbríos; el coscojal entabla amistad con la jara y el cantueso sobre las laderas soleadas y de acusada pendiente, mientras que en los lugares más frescos aparece el brezo arbóreo, la filirea, el madroño y el lentisco... Sierra Madrona está cuajada de brezalillos o brecillos enanos de «Erica umbellata» que cuando echan la flor viran el paisaje hacia el rojo y el morado. Les acompañan jarales, madroños y algún que otro alcornoque, pero hasta casi tocar su crestería y la de Sierra Quintana sólo ellos se atreven a subir. En sus cimas, donde la influencia continental de la meseta y el eco oceánico echan un pulso, brotan especies raras y, en general, endémicas del centro y suroeste de España. Entre ellas cabe mencionar la «Frangula alnus subsp. baetica», la «Digitalis purpurea subsp. heywoodii», la «Coincya longirostra», la «Jasione crispa subsp. mariana». El Parque Natural Sierra de Andújar y sus aledaños guardan bajo llave cuarenta y cuatro endemismos de rebuscado nombre: «Callitriche lusitanica», «Dianthus crassipes», «Coincya longirostra», «Galium broterianum», «Genista polyanthos», «Linaria coutinhoi», «Salix salvifolia», «Teucrium haenseleri». Entre sus rarezas botánicas, únicas en Andalucía, destaca la «Cicendia filiformis», la «Erica tetralix», la «Lythrum portula» o la «Sibthorpia europea». Sus rincones más húmedos acogen ejemplares propios de la lejana Asturias, como la «Pinguicula lusitanica», la «Erica tetralix» y la «Sibthorpia europea». Las mil y una setas que brotan en otoño se añaden a los encantos de su flora.
En este intrincado laberinto vegetal se camufla una rica y variada fauna que con el correr de los años ha sufrido cuatro bajas de postín. El

El piruétano, el enebro y el labiérnago que aquí llaman «olivilla», comparten las laderas inclinadas con madroños, mirtos y lentiscos

onagro o asno salvaje desapareció en el siglo XVI, el oso pardo corrió la misma suerte varias centurias después, la cabra montés, señora de los canchales de Sierra Quintana, dejó de verse hacia 1940 y el Quebrantahuesos también nidificó en las sierras de Fuencaliente hasta esas fechas. A pesar de estas irreparables ausencias cuenta con un apretado repertorio de especies animales en su haber: diez peces, catorce anfibios, veintiún reptiles, ciento setenta y ocho aves y cuarenta y nueve mamíferos, quince de ellos de la familia de los murciélagos. El águila imperial, el buitre negro, el lince, el lobo y el meloncillo acaparan toda su atención porque están al borde de la extinción. De hecho el Parque participa en el Proyecto ACNAT, centrado en la recuperación y potenciación del águila imperial, y en otras iniciativas destinadas salvaguardar especies protegidas como el buitre negro y la nutria. En torno al lobo levantó ampollas al proponer cobro de indemnizaciones por los daños causados a este predador perseguido sin tregua. Cuenta también con viveros de arbolado y una granja de perdiz roja afanada en la repoblación cinegética. Noé podría haber construido su famosa arca en el Parque Natural Sierra de Andújar. Un conglomerado de causas le convierten en un paraíso anónimo, confortable y tranquilo para todo bicho viviente: ausencia de núcleos de población en sus dominios, geografía, clima, relieve y estado de conservación de su manto vegetal, mínima red de carreteras para surcarlo, ausencia de visitas y un sistema de propiedad de la tierra que concentra en pocas manos grandes fincas sometidas a una estrecha vigilancia en su condición de guarderías. La estrella hidrográfica es la bogardilla, un endemismo exclusivo de la provincia de Jaén. Similar a la boga de río, sólo se cría en la cuenca de Guadalquivir a la altura de Sierra Morena y dentro de las fronteras del Parque en los ríos Jándula y Rumblar. Pero en sus cauces fluviales también mora el barbo gitano, la gambusia, la colmilleja, la boga común, el calandino... Las presas del Jándula y Encinarejos padecen muchas fluctuaciones en su nivel de agua y esta

El santuario de la Virgen de la Cabeza se terminó de construir en 1304. Las sucesivas reformas han hecho desaparecer el primitivo románico de la construcción

circunstancia pertuba a los peces y acaba con la rica vegetación sumergida que daba cuartel a numerosos invertebrados acuáticos. El galápago europeo exige aguas cristalinas ricas en vegetación y sólo encuentra hotel a su gusto en determinadas pozas de ríos y arroyos, mientras que el galápago leproso no hace ascos a ningún cauce. El lagarto verdinegro es uno de los reptiles más interesantes del Parque, un endemismo ibérico del oeste peninsular que tiene en este sector de Sierra Morena su hábitat más suroriental. En el mes de mayo su cabeza y garganta se tornan azul cobalto para delatar su celo. Este lagarto verde intenso con manchas negras y vientre amarillo se concentra en el lindero septentrional de la Sierra de Andújar, donde entre el abundante matorral se alzan los bosques de robles melojos más umbríos y en los encinares húmedos. Como experto escalador, trepa por los árboles a la velocidad del rayo y se lanza al agua cual nadador olímpico si intuye peligro. La lista de anfibios y reptiles suma y sigue con el tritón ibérico, el gallipato, el sapo partero ibérico, el triton jaspeado, la salamandra común, el eslizón ibérico y el eslizón tridáctilo... También se dan cita ocho especies de culebras: la viperina, la collar, la víbora hocicuda... Entre las más grandes destacan la culebra bastarda, la de escalera y la de herradura.

La caza mayor goza de muy buena salud en el Parque Natural Sierra de Andújar. En torno al ciervo y sus apreciadas cuernas gira el negocio de la caza mayor en todas las fincas. Las polveras o revolcaderos donde se desparasitan aportan la prueba inequívoca de su presencia por doquier como la especie más abundante y mejor distribuida. Casi a riesgo de convertirle en un animal de corral se le mima con comederos especiales, pequeños embalses para que retocen y beban, limpiezas de matorral para crearles zonas de pasto. Le sigue en importancia el jabalí, muy apreciado también por los cazadores que anualmente acuden a su cita. El gamo fue introducido con éxito en el llamado Lugar Nuevo por el antiguo Servicio Nacional de Pesca Fluvial y Caza en 1956 y el muflón, que llega al Parque en 1970, se ha extendido como la pólvora salvo donde el matorral es muy cerrado. El peor parado es el corzo, cuya captura está prohibida en la provincia, y del que sólo quedan parejas aisladas en el sector norte. Las monterías se realizan una vez al año y aunque esta riqueza es renovable y repetuosa con el decorrado, el problema viene dado por el uso generalizado de las cercas cinegéticas, no siempre acordes con la normativa. Esta tupida red de alambre de más de dos metros de altura y muchos cientos de kilometros de longitud se con-

En esta doble página, los alrededores del embalse de Encinarejo que recoge las aguas del río Jándula. En torno a este lugar, de suaves cumbres, se divisan buenas panorámicas del parque.

vierte en una trampa mortal para otros animales. Además, estas guarderías contemplan a los depredadores como una amenaza y desde tiempo inmemorial les tienen declarada una guerra sin cuartel a base de trampas y venenos. En las densas manchas vegetales que cubren el Parque no sólo encuentra amparo la mimada casta cinegética sino otras muchos animales, algunos en calidad de especies protegidas. El lince, el más solitario de los felinos, siempre se mueve entre dos luces por la espesura serrana. El legendario lobo ibérico, la especie más amenazada del Parque, ha instalado uno de los pocos cuarteles generales que le quedan entre la Sierra de Cardeña y Montoro y la Sierra de Andújar. Hasta los años sesenta campaban por sus respetos a lo largo y ancho de estas sierras, pero a partir de esa fecha su población cae en picado. Es entonces cuando se crean los cotos de caza mayor y se generaliza el uso de estricnina para llevar a cabo un exterminio sistemático en él no sólo participan los guardas de las fincas privadas, sino también la propia Administración. Hoy se contabilizan en Sierra Morena unos sesenta lobos repartidos entre las provincias de Jaén, Córdoba y Ciudad Real. El zorro y el gato montés también están presentes. El meloncillo ocupa grandes masas de bosque bajo y devora conejos, culebras y otros reptiles. La nutria, de vida nocturna o crepuscular, pulula por toda la red hidrográfica del Parque, salvo por el río Jándula. También se hacen notar entre los modestos mamíferos la garduña, la comadreja, el lirón careto, el turón, la musaraña, la rata de agua... La liebre ibérica y en especial el conejo viven malos tiempos. La mixomatosis y la neumonía vírica hemorrágica merman su población, base alimenticia de muchos otros predadores.

Atraidas por su generosa despensa, las rapaces acuden como abejas a la miel. El águila imperial tiene aquí su último refugio y en las cumbres solitarias del roquero inaccesible nidifican con profusión el águila real y el azor, mientras que el águila perdicera y la culebrera trazan sostenidos planeos. Les acompañan el milano negro, el águila calzada, el alcotán o el halcón peregrino. Durante las migraciones también surcan su

Los matorrales del parque, siempre acompañados por pequeñas y vistosas flores, esconden algunos endemismos muy curiosos, como el lagarto verdinegro, que se refugia en el agua al menor sonido.

cielo aguiluchos laguneros, aguilas pescadoras, gavilanes y hasta el raro elanio azul. Entre las rapaces nocturnas se prodiga mucho el búho real, que monta sus nidos en los cortados. Los hombres de estas serranías se han ensañado con ellos para defender intereses cinegéticos o hacerse con presas a su costa. En época de reprodución se les ataba el pico o se les cosía el ano a sus polluelos y los conejos que cazaban sus padres engordaban la despensa de los guardas. Para mantener vivos a tan intrépidos cazadores, les daban las vísceras de la pieza confiscada. Sus carroñeras oficiales son el alimoche y el buitre negro, representado por unas veinte parejas. Sierra Madrona se yergue escarpada en el límite norte del Parque y allí se asienta una pequeña colonia de buitres leonados. No en balde la CEE agasaja a este recinto protegido con el galardón de Zona de Especial Protección para las Aves (ZEPA). La cigüeña negra también habita en los contornos del Parque y sus embalses atraen a numerosas aves acuáticas procedentes del norte y centro de Europa, como el pato cuchara, el ánade friso, el ánade real o la cerceta común. Durante la invernada frecuentan sus aguas remansadas la garza real y el somormujo lavanco, al tiempo que chorlitejos, andarrios, correlimos y archibebes hacen una parada en sus orillas fangosas para luego proseguir su viaje. En las zonas septentrionales consagradas a los robles melojos bucan húmedo cobijo petirrojos, currucas capirotas, mosqui-

En los ríos y embalses de estas sierras viven más de diez especies de peces. Entre ellos el barbo gitano, la boga común y el calandino. Las fluctuaciones de nivel en los embalses han acabado con la vegetación sumergida y con muchos de los invertebrados.

teros papialbos, mirlos, chochines, arrendajos, ruiseñores y oropéndolas, junto con otros alados típicamente forestales como el herrerillo, el picapinos, el carbonero y el pinzón. En los encinares frescos salpicados de quejigos y alcornoques donde reina el impenetrable sotobosque de brezos y madroños aparecen capuchinos, zarceros y rabilargos de arisco graznido. Los soteños y pardillos acuden a áreas de vegetación menos espesa y en solanas de encinas dispersas habitan palomas torcaces, tórtolas o cucos. En los claros abundan perdices, totovias y alcaudones comunes. Hacen vida en los claros y en la dehesa trigueros, zorzales, mirlos, abubillas, pinzones y rabilargos de estridente graznido. La bondad de su clima invernal no conoce las heladas y eso seduce a muchos insectos e invertebrados terrestres que a su vez encandilan a otros tantos pájaros. Como valor añadido, en invierno maduran en la Sierra de Andújar los frutos de su ejército vegetal de acebuches, olivillas, durillos, lentiscos, madroños, enebros… Todos ellos contienen grasas y las aves instalan aquí su residencia de invierno. Entre ellos los zorzales comunes y los alirrojos, las capirotadas, los verderones, los reyezuelos listados, los pinzones o el roquero rojo que al crepúsculo lanza al viento su reclamo. Como una práctica tradicional en Sierra Morena, los petirrojos y otras aves eran eliminadas sin compasión al llegar a estas zonas de invernada.

Junto a los barrancos Jándula y Valdeinfierno descansan Los Castellones de San Miguel, hermosa postal presidida por el Cerro Cabezo y su templo. Geológicamente, la elevación sobre la que se asienta el Santuario de la Virgen de la Cabeza forma parte del llamado Batolito de los Pedroches, una gran masa de roca granítica que afloró hace millones de años sobre el norte cordobés. La erosión y el tiempo firman sobre el granito con los típicos «arenazos», que a veces funcionan como pequeños acuíferos, y el relieve «en bolas», que siembra el paisaje de bloques de piedra aislados y redondeados.

El único núcleo urbano que osa perturbar la serenidad del espacio protegido se alza imponente en el mismo corazón de esta serranía y cual atalaya nos brinda espectaculares panorámicas de la Sierra de Andújar. En el Santuario de la Virgen de la Cabeza, patrona de monteros y cazadores, se celebra una de las romerías más antiguas de la Península. Según la tradición, la noche del 12 de agosto de 1227 un pastor de Colomera (Granada) se acercó hasta el Cerro del Cabezo atraido por unas extrañas luces y el sonido de una campana que no cesaba de repicar. Al llegar a lo alto encontró una imagen de la Virgen en la oquedad de las piedras y se rindió a sus pies para escuchar su divino mensaje. Ella le expresó con dulces palabras su íntimo deseo de que allí mismo y en su honor se levantase un templo. Las obras se inician en 1287 y terminan en 1304, aunque a través de los siglos será sometida a sucesivas reformas. La romería nace en el siglo XIV a instancias de la Hermandad de Andújar, fundada en 1245, y hoy aglutina a más de cincuenta hermandades. El acontecimiento tiene lugar en el mes de abril, cuando la naturaleza se desata en el Parque Natural Sierra de Andújar. Miles de peregrinos llegan el viernes por la tarde en sus carretas engalanadas o a lomos de su caballo. El sábado de mañana la hermandad de Andújar desfila por calles de la ciudad portando sus banderas e insignias entre el colorismo de amazonas y jinetes ataviados con el típico traje andaluz. En alegre algarabía se encaminan hacia el santuario. A la hora de comer hacen un alto en el camino y acampan a orillas del río Jándula, donde agrupados en corrillos dan lecciones de cante y baile anadaluz. Al atardecer alcanzan su meta soñada y se le rinde tributo a la Virgen de la Cabeza. Las misas comienzan a medianoche, aunque la romería culmina en el mediodía del domingo con una solemne celebración religiosa a la que sigue una tumultuosa procesión protagonizada por una virgen en andas cuajada de flores. Terminados los actos, las familas toman literalmente el campo y se entregan a los placeres de la comida entre ricas viandas. A la caida de la tarde del domingo, la multitudinaria congregación regresa a Andujar donde les espera una semana de fiestas con actuaciones musicales, teatro, concursos… Tras el trasiego de romeros y romeras, estas bravas serranías de Sierra Morena oriental que custoridan un aromático paraíso mediterráneo vuelven a sumergirse en su cotizado hermetismo.

Parque Natural Sierra de Aracena y Picos de Aroche

En el extremo occidental de Sierra Morena, el Parque Natural Sierra de Aracena y Picos de Aroche se posa como una nube sobre toda la franja norte de la provincia de Huelva. El límite provincial pacense pone freno a sus aspiraciones septentrionales, Portugal le ata los machos por el poniente y su costado oriental se prolonga hasta topar con territorio sevillano. No todos los espacios están constituidos en territorios, pero estas alineaciones montañosas de suave porte y naturaleza caliza componen una unidad paisajística que salta a la vista. El hombre y los siglos fueron domesticado con tesón su bravura serrana y hoy impera sobre el paisaje la imagen bucólica de la dehesa, consagrada en cuerpo y alma a la crianza del cerdo ibérico, que en estas tierras adquiere las connotaciones de una deidad primitiva y materia prima de una prestigiosa industria chacinera. Los vientos atlánticos visitan este recinto con asiduidad y se encargan de atemperar su climatología durante todo el año. Con ciento ochenta y seis mil hectáreas de dote, en 1989 se erige en una de las masas forestales protegidas más extensas del Viejo Continente. La encina, el alcornoque y el quejigo sientan cátedra en compañía de atípicos bosques de castaños centenarios, cuyas hojas y frutos aparecen en el logotipo del Parque Natural Sierra de Aracena y Picos de Aroche para rubricar su singularidad. Sobre su afable relieve de alturas comprendidas entre los doscientos y los novecientos sesenta metros se

La Sierra de Aracena cierra el norte la provincia de Huelva. El hombre ha domesticado el paisaje, y la dehesa, consagrada a la cría del cerdo ibérico, es la nota dominante de estas tierras.

La gineta que aparece en el dibujo de esta página es uno de los habitantes que se esconden bajo el manto vegetal de los bosques.

extienden un conglomerado de pueblos pétreos preñados de historia, monumentos y tradiciones. Sus blancos caseríos de tejados pardo-rojizos salpican el decorado y rompen el omnipresente verdor montuoso con su anárquico juego de alturas y volúmenes. Esta impresionante reserva ecológica integra de forma total o parcial veintiocho municipios y unos cuarenta mil habitantes. Por orden alfabético incluye en su interior las localidades de Alájar, Aracena, Arroyomolinos de León, Corteconcepción, Cortelazor, Cumbres de Enmedio, Cumbres Mayores, Cumbres de San Bartolomé, Encinasola, Fuenteheridos, Galaroza, Higuera de la Sierra, Hinojales, Jabugo, Linares de la Sierra, Los Marines, La Nava, Puerto Moral, Santa Ana la Real, Santa Olalla del Cala, Valdelarco y Zufre. Por su parte, Aroche, Cortegana y Almonaster la Real bordean su perímetro suroccidental. Tres carreteras nacionales se abren camimo por su dilatada orografía. La N-433 (Sevilla-Lisboa) atraviesa longitudinalmente toda la comarca, mientras que la N-435 (Huelva-Sevilla) cruza de forma tranversal la Sierra por su sector oeste, al igual que N-630 (Madrid-Sevilla) por su flanco oriental. Completan su tupida red viaria dos pistas comarcales, la C-437 y la C-439 y una docena de carreteras locales de sinuoso trazado.

El Parque Natural Sierra de Aracena y Picos de Aroche ha tenido que apencar con su eterna condición de tierra fronteriza. Durante la Reconquista se la consideró el confín de los Extremos, es decir, de los invernaderos que frecuentaban los ganaderos trashumantes bajo la protección del poderoso Concejo de la Mesta. Con el descubrimiento de América se convierte en vía de acceso a los ricos Puertos de Indias. Para colmo de males, los reinos de España y Portugal se disputarón durate siglos su soberanía. Gracias a este enfrentamiento secular llega hasta nosotros un rico legado de arquitectura defensiva a través de murallas o barbacanas, castillos, torreones, baluartes y fortalezas que nos brinda. Tras expulsar a los musulmanes, el

DATOS DE INTERÉS

Denominación: Sierra de Aracena y Picos de Aroche.

Clasificación: Parque Natural.

Situación: En el norte de la provincia de Huelva.

Superficie: 184.000 hectáreas.

Límites: Términos municipales de: Alájar, Almonaster la Real, Aracena, Arroyomolinos de León, Cala, Cañaveral de León, Castaño del Robledo, Corteconcepción, Cortegana, Cortelazor, Cumbres de Enmedio, Cumbres Mayores, Cumbres de San Bartolomé, Encinasola, Fuenteheridos, Galaroza, Higuera de la Sierra, Hinojales, Jabugo, Linares de la Sierra, Los Marines, La Nava, Puerto Moral, Santa Ana la Real, Santa Olalla del Cala, Valdelarco y Zufre.

Especies animales más comunes:
Javalí, Venado, Comadreja, Garduña, Tejón, Turón, Gineta, Gato montés, Meloncillo. Águila perdicera, calzada, culebrera y real, Azor, Halcón común, Jarabugo, Barbo cabecicorto.

Especies vegetales más comunes:
Castaños, Alcornoques, Encinas, Roble, Quejigo, Chopo, Álamo blanco, Olivo, Pino marítimo, Pino piñonero, Jaras, Jaguarzos, Estepillas, Romero, Cantueso, Lentisco, Cornicabra.

Características que lo hacen especial:
Presencia de amplias zonas de dehesas y pastos sirven de base a una selecta y abundante ganadería porcina. Las denominadas «Piedras del Diablo», dólmenes y menhires, halladas en Aroche dejan constancia de la presencia de pueblos prehistóricos. En Aracena se encuentra la Gruta de las Maravillas, una de las más grandes de la Península Ibérica.

Organismo o entidad responsable de su gestión:
Consejería de Medio Ambiente
Junta de Andalucía.

Acceso: Libre.

fervor religioso de los repobladores cristianos se desata y surgen iglesias, capillas y ermitas por doquier. En su mayoría fueron levantadas sobre antiguas mezquitas, sinagogas e iglesias mozárabes, que a su vez se alzaban sobre algún templo pagano, con lo que los primitivos lugares de culto se han perpetuado hasta nuestros días bajo distintos ropajes arquitectónicos. La huella más antigua que delata la presencia del hombre en este espacio protegido nos transporta al Paleolítico Superior. Se trata de un hueso encontrado en la Cueva de la Mora (Jabugo) donde aparecen grabados ciervos y rinocerontes. En la Edad de Bronce se suceden los asentamientos, como el poblado de Castañuelo que muy cerca de Aracena nos lega una necrópolis con enterramientos individuales. Hacia el siglo V antes de Cristo, Estrabón y Plinio hablan de la Beturia Céltica y de sus moradores los Celtici. Más tarde, los romanos se instalan en sus dominios atraídos por su riqueza minera. Cinco siglos de dominación musulmana dan mucho de sí y de aquella civilización dan fe algunas joyas arquitectónicas como la mezquita de Almonaster la Real. La crisis del imperio almohade y la rebelión del rey de la taifa de Niebla Ibn Mahfot da pie a la ocupación de la sierra por parte del rey portugués Sancho II entre 1230 y 1233. Ante los problemas dinásticos y territoriales que plantea el reino vecino, Sancho IV el Bravo decide establecer la renombrada «Banda Gallega», una red de fortificaciones que defendía Sevilla del ejército portugués. Levantados en lugares estratégicos de la comarca, se distinguía entre castillos de Primera, Segunda y Tercera Línea Defensiva. Por estas fechas medievales se procede a su repoblación a base de colonos leoneses y gallegos. Su esplendor llega en el siglo XVIII, cuando la sierra experimenta un incremento demográfico, nuevas colonizaciones y una notable repoblación forestal.

En un intento de sacarle partido a tan agreste naturaleza, sucesivas generaciones se empeñaron en modelar su fisonomía y las huellas de aquel lento proceso han quedado escritas sobre su piel. Calzadas o balates, tapias de barro, muros de piedra u hormas, empedrados, bancales o paratas, gavias, fuentes, pozos,

Más de cuarenta mil personas viven dentro del Parque Natural. Abundan los caseríos serranos como el de la foto de la derecha y también majadas, zahurdas, tinaos, chozos y molinos.

El bosque ibérico de encinas pudo conservarse en estas tierras porque sus bellotas fueron fundamentales para la cría del cerdo que fue y es su principal fuerte de economía.

acequias o lievas, acueductos y albercas dan buena muestra de la ingenieria popular. De titularidad pública o privada, una densa red de caminos surca el paisaje serrano. En su decidido empeño por resucitarlos, el Parque Natural Sierra de Aracena y Picos de Aroche ofrece mas de setecientos kilómetros de senderos de pequeño y gran recorrido bien señalizados que nos invitan a conocer sobre el terreno las intimidades de este espacio protegido. Las llamadas por estos lares «veredas de la carne» son las vías pecuarias por donde transita tradicionalmente el ganado. En función de su anchura se clasifican en cañadas, cordeles, veredas y coladas. Entre las sendas municipales se habla de caminos reales, vecinales, de herradura, carreteros... A su patrimonio etnográfico se añaden una serie de construcciones relacionadas con la ganadería y la agricultura. En torno al cerdo ibérico surgen las majadas y zahurdas como santo y seña de la comarca, mientras que las ovejas y las cabras dan origen a tinaos, andiles y bujardas o chozos. Moler el grano era otra prioridad y los molinos de rodezno flanquean riberas y barrancos aquí y aculla. Reciben este nombre porque se llama rodezno o ruezno a la rueda de madera dispuesta horizontalmente en la parte baja del molino para accionar todo el mecanismo. Desde lo alto de un cerro, el caserío serrano preside este despliegue de infraestructura, donde no faltan una retahila de casas-monte o viviendas de pastores dispersas por todas las fincas. La comarca de la Sierra de Aracena y Picos de Aroche siempre rindió culto al cerdo ibérico como fuente de riqueza. Su crianza en régimen de montanera a base de bellotas, aseguró la conservación del antiguo bosque ibérico de quercíneas en forma de dehesa, mientras que en el resto de Europa cundió la deforestación masiva para surtir de pastos a su cabaña vacas y ovejas o cultivar cereal. Junto al paisaje adehesado conviven prados y arboledas abiertas que dan sustento a vacas retintas y ovejas merinas, en tanto que a las zonas de matorral acuden las obejas y el ganado caprino, dominado por una raza autóctona de esta serranía de pelo blanco y generosa cornamenta que

PARQUE NATURAL DE LA SIERRA DE ARACENA Y PICOS DE AROCHE (Huelva)

Encinares, alcornoques y quejigos están presentes en el Parque lo mismo que el castaño que introdujeron los colonos leoneses y gallegos.

corre serio peligro de extinción. La venta anual de terneros, corderos y chivos aporta beneficios añadidos, así como su rica miel y sus deliciosos quesos de cabra y oveja. Cada nueve años la «pela» o descorche artesanal deja en cueros a los alcornoques, cuyas bellotas también hacen las delicias del marrano. Su doble aprovechamiento les ha hecho proliferar como hongos en el presente siglo. Con el otoño, la recolección o «apaño» de castañas también aporta sus beneficios. Además, en la Sierra de Aracena y Picos de Aroche cundieron los frutales para dar vida a una pujante horticultura hoy en decadencia. Nogales, higueras, moreras, ciruelos, manzanos y almendros aún se alzan en tropel sobre los suelos umbrosos cercanos a pueblos y aldeas, mientras que los centenarios olivares cubren las solanas de mayor pendiente. La tradición artesana se manifiesta a través de la cerámica, la alfarería, la talla, los muebles, los bordados, la forja, la frenería y la cestería.

El frondoso bosque mediterráneo tapizaba el Parque Natural Sierra de Aracena y Picos Aroche en un pasado remoto. La encina imponía su ley sobre valles y laderas soleadas y secas rodeada de su corte particular de arbustos. En las zonas de cierta humedad acariciadas por el sol ganaba terreno el alcornoque y en las más húmedas tomaba las riendas el quejigo. El roble melojo o rebollo optó por la austeridad de las cumbres frías y umbrías. Un exuberante soto ribereño dominado por alisos, sauces, chopos y fresnos se agolpaba impetuoso en ambas orillas de ríos, barrancos y arroyos. En honor al cerdo ibérico, encinares, alcornocales y quejigales han conservado gran parte de su pureza en calidad de bosques huecos o dehesas. Los rebollares, de escasa utilidad económica, fueron desplazados por el viñedo tras la Reconquista y éste en el siglo XVI por el castaño, un árbol de tronío que introdujeron los colonos leoneses y gallegos. Al igual que el rebollo, crece a sus anchas entre los setecientos y mil metros de altura sobre suelos permeables, ligeros, profundos y no alcalinos, donde las lluvias alcanzan los mil litros anuales. En el sur descansa la llamada Umbría, donde florecen madroñeras, madreselvas, durillos y sabugeras, nombre con el que se conoce localmente al saúco menor y del que se deriva el topónimo Jabugo. Aquí el verde se intensifica para luego apagarse entre jaras y brezos. Los bosques de ribera también salieron malparados con el correr de los años. Muchos fueron mutilados sin piedad, pero otros aún conservan cierto sabor. Los plantíos madereros de chopos blancos compiten por el espacio con los bosques originales de alisos, sauces o mimbreras en el Múrtiga y su afluente el Caliente. Bajo su frescor prosperan otras especies de menor porte, como adelfas, tarajes y tamujos. En el paisaje adehesado de suaves colinas que impregna el Parque se han identificado 235 especies de vertebrados. El oso, de cuya existencia en la Dehesa de Cala da fe una obra del siglo XIV titulada *Libro de la Montería y el lobo*, que correteaba por estos parajes hasta hace unas décadas, pertenece al recuerdo. El águila real, la calzada, la perdicera y la culebrera invaden su cielo junto a alcotanes, cernícalos, azores, halcones peregrinos y cigüeñas negras de pico púrpura. La inconfundible silueta del buitre negro, que vive en los aledaños del Parque,

o del buitre leonado también se proyecta contra su horizonte y rara es la iglesia que en su torre no aloje a la cigüeña blanca. En el bosque se escucha el canto de verderones, ruiseñores, herrerillos o carboneros. Bajo la espesa alfombra vegetal pululan el gato montés, el zorro, el meloncillo, la garduña, el turón, la gineta, la comadreja y el tejón. Algunos testimonios hablan incluso de la presencia del lince ibérico en sus contornos. Al rebufo del venado y el jabalí se organizan sonadas monterías. Entre los peces cuenta con dos endemismos: el jarabugo y el barbo cabecicorto. La escurridiza nutria y el martín pescador testifican con su presencia la calidad de algunos de sus cauces fluviales.

El Parque Natural Sierra de Aracena y Picos de Aroche es uno de esos lugares que da gusto visitar. Cuenta con un Centro de Visitantes instalado en el Cabildo Antiguo de Aracena y seis Puntos de Información ligados a él en otros tantos pueblos. Todos ellos sacian la curiosidad del viajero a través de exposiciones permanentes e interactivas en torno a los valores naturales y culturales de la Sierra Norte de Huelva. En la Plaza Alta de Aracena descansa el Cabildo Antiguo, un noble edificio construido entre los siglos XIV y XVI. Por medio de paneles nos habla de su geología, clima, flora y fauna primigenia; aborda el impacto del hombre sobre el medio a través de la ganadería y agricultura en el transcurso de los siglos; repasa los aprovechamientos tradicionales a que ha sido sometido este territorio y que aún perviven; y nos ofrece un recorrido por su patrimonio cultural. El punto de información instalado en Almonaster la Real se centra en la arquitectura religiosa y el de Cumbres Mayores está dedicado a la Montanera del Cerdo Ibérico y la Matanza Tradicional. Bajo el título La Dehesa de la Contienda, en el baluarte de San Juan de Encinasola se narran las peripecias de un espacio que a caballo entre España y Portugal fue durante siglos «tierra de nadie». El imponente castillo de Cortegana aloja una exposición en torno a la arquitectura defensiva de la comarca y Santa Olalla del Cala entra en los pormenores de la fauna del Parque. En Aroche se acomete la descripción de dos espacios protegidos anejos al

En esta página, abajo el cortijo de «Los Madroñeros». En los centros de visitantes emplazados en varios pueblos de la sierra, se explica la conexión entre el hombre y el entorno.

En el Parque se han identificado más de doscientas especies de animales vertebrados. Este siglo ha visto al lobo y el oso desaparecer de estas montañas.

Parque Natural Sierra de Aracena y Picos de Aroche por su flanco suroccidental: el Paraje Natural de Sierra Pelada y Ribera del Aserrador y el Paraje Natural de las Peñas. El primero, de acceso severamente restringido, aloja una de las colonias de buitres negros más poderosas de Europa, y en el segundo se nos muestra el pintoresco butón plutónico que confoma Las Peñas. Además, el Parque agasaja al visitante con las zonas recreativas de Las Tres Encinas (Santa Olalla de Cala) y El Talenque, en la carretera de Aracena a Galaroza. A su oferta se suman el Centro de Educación Ambiental Relieve (Cortegana), la Granja Escuela El Barrial (Aracena), la Granja Escuela Agua Buena (Higuera de la Sierra) y el Campamento Puerto Peña (Aroche). Entre las actividades complementarias destaca el turismo rural, el senderismo, la caza deportiva en sus nutridos cotos y la pesca en los embalses de Aracena y Zufre.
Pero encaremos por partes este vasto territorio onubense. Aracena, Linares de la Sierra, Alájar, Santa Ana la Real, Almonaster la Real, Cortegana y Aroche componen su ruta monumental.

Aracena, capital indiscutible de la comarca, nos sorprende a golpe de vista con el espectacular conjunto arquitéctonico de su castillo-fortaleza y la iglesia prioral de Nuestra Señora del Mayor Dolor en lo alto de un cerro. Este complejo levantado entre los siglos XIII y XV se atribuye a la Orden de Santiago y desde su atalaya podemos precipitarnos en el entramado de sus calles sinuosas de casas encaladas, divisar las ermitas de San Jerónimo, San Pedro, Santa Lucía y San Roque, o perder la mirada en la serranía con el pantano de Aracena en primer plano. El ya mencionado Cabildo Viejo preside la plaza Alta frente a la inacabada iglesia renacentista de la Asunción. Calles abajo topamos con el convento de Santo Domingo y la fachada mudéjar del cenobio de Jesús, María y José, ambos vedados al culto. En la plaza de Santa Catalina se enfrentan el convento de las Carmelitas y el viejo Ayuntamiento, obra de Aníbal González. Este ilustre arquitecto también diseñó el casino de Arias Montano, emplazado en plaza Marques de Aracena muy cerca de la hermosa iglesia del Carmen. En las entrañas calizas del cerro fortificado la caprichosa naturaleza nos brinda ocultos tesoros en la Gruta de las Maravillas, donde el agua ha esculpido un paisaje subterráneo de ensueño. En tiempo ha fraguado en esta cavidad freática bellas formaciones kársticas de estalactitas verticales y excéntricas, estalagmitas, coladas, columnas, cortinas listadas, aragonitos coraloides... Al iluminarlo en colores pasteles el fantasmagórico decorado cobra tintes de cuento encantado, en especial la sala del Gran Lago y la de las Conchas. Se achaca su descubrimiento a un pastor de Aracena que perseguía a una res que se le coló en este paraíso, aunque la primera referencia histórica de su existencia data de 1886. Abierto al público en 1914, su longitud conocida es de dos mil ciento treinta metros pero la visita sólo contempla mil doscientos. De aquí parte una serpenteante carretera que entre dehesas de alcornoques y encinas nos conduce a Linares de la Sierra, famosa por sus llanos de piedra. Se trata de artesanales pavimentos que engalanan las entradas de sus casas y componen con piedras de dos o más tonos un mosaico de motivos geométricos. Merece la pena adentrarnos en sus calles

Los alcornoques a la izquierda, contribuyen a la economía campesina. Cada nueve años se realiza la «pela» o extracción artesanal del corcho.

por los alrededores de iglesia de San Juan Bautista y descender hasta la plaza de la Fuente, donde en días de sol se blanquea la colada sobre su lavadero circular junto al abrevadero y la fuente. Entre montes cubiertos de olivos, alcornoques y encinas, Alájar se estira a los pies sobre un valle angosto. En su casco urbano abundan los típicos llanos y los generosos aleros de sus viviendas, aunque su popularidad gira en torno a la Peña de Arias Montano. A menos de un kilómetro se alza sobre una tobera travertínica surcada por un sinfín de galerías y cavernas que dieron refugio al hombre primitivo. En la entrada de un de sus abrigos destaca una gigantesca bañera tallada en roca, donde cuenta la tradición que se bautizaban los primeros cristianos. En ella encontró retiro espiritual Benito

En los alrededores de los pueblos y los caseríos abundaron los frutales: nogales, higueras, ciruelos y almendros. Hoy todavía quedan algunos.

Arias Montano (1527-1592), insigne políglota, capellán y consejero de Felipe II. Este humanista integral dirigirá en Amberes la Biblia Políglota, editada en prestigiosa imprenta de Plantino. Cuando la muerte ya le rondaba fundó y costeó de su bosillo una cátedra de Latinidad en Aracena. Como legado dejó una rica producción que abarca interpretaciones de las Escrituras, traducciones de los clásicos y críticas de otras obras sobre política, poesía y astrología. Sobre esta atalaya se alza la ermita de la Virgen de los Ángeles, una construcción manierista de los siglos XV y XVI. Aquí se celebra la romería más concurrida de la comarca. En su interior se rinde culto a la patrona de Alájar, hermosa talla gótica del siglo XIII. El pueblo de Santa Ana la Real responde al nombre de su patrona, venerada en su iglesia homónima. Sus blancas casas lucen sencillas molduras en sus vanos y realzados dinteles. Sobre la puerta principal suele albergar otra ventana de mediano tamaño por la que se accede al doblado desde la calle con una escalera de mano. Su pintoresco conjunto de fuente, abrevadero y lavadero cubierto se hace llamar la Fuente de los Tres Chorros. A continuación topamos con Almonaster la Real que tapiza vestida de novia el cerro de San Cristobal, atalaya que nos brinda una visión casi completa del Parque. En tiempos del emirato de Córdoba, Almunastir imponía su ley en la Sierra. De aquellos años de gloria llega hasta nosostros en impecable estado su mezquita, levantada en el siglo X dentro del recinto amurallado sobre restos de una fortaleza romana. Conjunto Histórico-Artístico desde 1982, seduce al visitante con la iglesia de San Martín, la ermita de la Inmaculada Concepción, la casa-palacio de don Miguel Tenorio de Castilla o su plaza de toros de 1891. Conforme llegamos a Cortegana, la dehesa de encinas y alcornoques da paso al castañar. Su níveo caserío yace a la sombra de su recién restaurado castillo que se yergue monumental sobre una colina de setecientos curenta y cinco metros. Construido en el siglo XIII, impone con cuarenta metros de longitud flanqueados por cuatro torres rectangulares y una semicircular. En su interior dormita el patio de armas y la torre del homenaje, que en el lugar más seguro

En los prados y arboledas abiertas pastan vacas retintas y ovejas merinas. En los matorrales hay cabras autóctonas de gran cornamenta.

La tradición taurina también es importante en los pueblos de la sierra. En Higuerón se celebran corridas que tienen su origen en el siglo XVI.

y elevado aloja la residencia. La siguiente parada es Aroche. Desde su empinado castillo almorávide del siglo XII se divisa la hermosa vega del Chanza, afluente del Guadiana. A sus encantos se suma la iglesia de la Asunción, el convento de Cilla, varias casas-palacios y el colorista barrio de la Cota sobre la falda del cerro que preside su fortaleza.

La ruta de las dehesas y el corcho incluye los pueblos de Higuera de la Sierra, Zufre, Santa Olalla del Cala, Cala y Puerto Moral. Gracias a la densidad arbórea de la dehesa y el control de su sotobosque es posible crear zonas de pastos e incluso sembrar de cereales o leguminosas para enriquecer la dieta del ganado. Este sistema de explotación agroforestal prima en el sector oriental del Parque Natural Sierra de Aracena y Picos de Aroche. Tras la sierra de Santa Bárbara, el pueblo de Higuera de la Sierra florece al resguardo de los fríos vientos del norte. Nace al calor de las ventas del Higuerón, situadas en un cruce de antiguos caminos de herradura. Su caserío se debate entre dos barrios, el de arriba y el de abajo, que responden al nombre de sus sendas ermitas: la ermita del Cristo del Rosario, que reconstruida a principios del siglo XVII descansa junto al lavadero del Señor, y la ermita de San Antonio, una obra del siglo XVI cercana a la fuente-lavadero del Pilar de la Fontanilla. Entre ambos templos se planta en jarras la iglesia barroca de San Sebastián y una tercera fuente apodada de Enmedio. Su Cabalgata de los Reyes Magos, en la que sus vecinos escenifican pasajes del Nacimiento, la Adoración y la infancia de Jesús, goza de mucho renombre y para ponerla en marcha, cada año celebra un festival taurino en su coso del siglo XVI al que acuden los figurones del arte de Cúchares. El pueblo de Zufre se descuelga sobre un travertino, singular paisaje calizo que surge al solidificarse la cal de los afloramientos de agua carbonatada. Un paseo por sus laberínticas calles nos transporta de inmediato a su pasado musulmán. Su plaza-mirador concentra algunos tesoros: la pétrea casa consistorial del siglo XV, antaño sede de la Inquisición; la fuente renacentista del Concejo, fabricada en cantería por Hernán Ruiz en el

siglo XVI; y la iglesia de la Purísima Concepción, levantada en la misma centuria sobre los restos de una antigua mezquita. Su patrimonio arquitectónico suma y sigue con la hermosa ermita de Santa Zita del siglo XV en el camino hacia Santa Olalla del Cala, el Humilladero de San Sebastián del siglo XVIII, varias casas de estilo gótico-mudéjar y su plaza de toros junto al paseo de los Alcaldes, desde el que se divisa la serena panorámica del pantano de Zufre. Tras cruzar este embalse, dehesas de encinas y alcornoques nos llevan en volandas hasta Santa Olalla del Cala. Sobre riscos pelados destaca la imagen del castillo que mandó construir Sancho IV en el siglo XIII. Entre sus recios muros alojó el cementerio durante la pasada centuria y hace unos años se acometió su restauración parcial. En uno de sus laterales resplandece la iglesia de Nuestra Señora de la Asunción del siglo XVI. El granito domina el paisaje camino de Cala y junto a alcornoques, encinas y quejigos surgen inmensos bolos rocosos. Este pueblo minero se desgrana entre fachadas blancas y tejados rojos alrededor de su iglesia gótico-mudéjar de la Magdalena, la ermita románica de Nuestra Señora de Cala y los restos de su castillo. A continuación atravesamos la aldea Minas de Cala, donde los mineros se afanan en la extracción de hierro y cobre, y el embalse del río del Hierro. Dehesas de encinas centenarias dedicadas a la caza mayor nos acompañan en el trayecto y contra el horizonte se proyecta el cerro del Trastejón, notable yacimiento arqueológico de la Edad de Bronce. De pronto topamos con el embalse de Aracena, bucólico decorado para el recreo, el baño y la pesca. La carretera se estrecha y en empinado ascenso llegamos al Puerto Moral. Esta pequeña localidad debe su origen a una venta. Su encalado caserío gira en torno a la iglesia de San Pedro y San Pablo, y contempla toda la grandeza del Parque Natural Sierra de Aracena y Picos de Aroche.

La Peña de Arias Montano está situada en el municipio de Alajar Es una elevación rocosa desde la cual se divisa una extraordinaria panorámica.

Hay un buen número de hectáreas dedicadas a los castañares. El aprovechamiento de esta fruta fue una buena fuente de ingresos desde el siglo XVI.

Sorprende encontrar en este rincón andaluz inmensos castañares más bien propios de zonas norteñas... El peculiar microclima de la Sierra Aracena y Picos de Aroche resuelve el enigma. En pleno corazón del Parque, la ruta del castañar parte de Castaño del Robledo y recorre Fuenteheridos, Valdelarco y Los Marines. En el nombre de Castaño del Robledo se funden el pasado y el presente forestal de un pueblo. Su municipio se lleva la palma en cuanto a número de hectareas tapizadas de castaños, las mismas que ocupaba el roble melojo hasta el siglo XVI. Las castañas, principal fuente de ingresos de estas tierras junto con la ganadería porcina y el trabajo en las minas, se añadió sin prejuicios al menú del marrano, aunque también calmó el estómago del hombre cuando el hambre frecuentaba la Sierra. Su poderoso casco urbano fue declarado Conjunto Histórico-Artístico y el proyecto de su monumental iglesia era tan ambicioso que ha permanecido inconclusa hasta hace unos años, fecha en la que Bellas Artes se hizo cargo del cubrimiento de su bóveda. La turística villa de Fuenteheridos gira en torno a la plaza del Coso, presidida por la cruz del Mármol y la fuente de los Doce Caños. En el mes de diciembre se viste de gala para celebrar la Fiesta de la Castaña. Valdelarco se precipita vestida de cal por una ladera de acusada pendiente a través de calles estrechas y empinadas. De cara al sol sus casas abren amplios corredores o terrazas cubiertas sobre pilares y arcadas. Su iglesia neoclásica y de torre barroca del Divino Salvador se alza orgullosa sobre los restos de un templo anterior que sucumbió en uno los terremotos que asolaron la zona en el siglo XVIII. A expensas de su rica

miel también se les conoce como colmeneros a los valdelarquinos. Los Marines nace al calor de las primeras viviendas instaladas por los repobladores gallegos y la iglesia de Nuestra Señora de Gracia del siglo XVI. Su fuente-lavadero es un primor y en las fachadas de sus casas confluyen motivos mudéjares, góticos, barrocos y renacentistas. En este recorrido merece la pena hacer un alto en el jardín botánico de Villa Onuba, hoy residencia de los Hermanos Maristas. Guillermo Sundheim, un alemán afincado en provincia de Huelva en los años del apogeo minero, fue el artífice de este exótico vergel a finales del siglo pasado y con él participa en celebración de los Actos Conmemorativos del IV Centenario del Descubrimiento de América en 1892. A su muerte, se amplian sus dimensiones y se adorna con un jardín francés. La flora asiática, americana y africana echa raíces en su suelo con tejos, tuyas gigantes, pinos, cipreses, quercíneas, abetos, cedros de Himalaya, frutales y secoyas gigantes.

La acuosa ruta del río Múrtigas parte de Galaroza, atraviesa La Nava y concluye en Encinasola. Este curso fluvial, columna vertebral del costado occidental del Parque Natural Sierra de Aracena y Picos de Aroches, aplaca la sed de un sinfín de huertas plantadas de frutales y hortalizas. En su deambular hacia el norte discurre sinuoso y encajonado, taladrando perpendicularmente todo el conglomerado de sierras que encuentra a su paso. Luego vira hacia el noroeste y ensancha su cauce camino de Encinasola. Ya en tierras portuguesas se hermana con el Ardilla, afluente del Guadiana. Galaroza se asienta sobre un estrecho valle al resguardo del cerro de Santa Brígida, coronado por una ermita. De su interior mana la Fuente de los Doce Caños, escenario de la divertida Fiesta de los Jarritos en el mes de septiembre. Su tradición carpintera goza de mucho renombre y hasta hace pocos años se distinguió por sus deliciosas frutas, en especial sus manzanas, conocidas popularmente como peros. Melocotones, ciruelas y peras se incorporan a sus manjares, junto a castañas y nueces. Una amplia red de acequias o lievas surcan el paisaje

Abundan las jaras, los jaguarzos y las estepillas, junto a labiadas aromáticas como el romero y el cantueso. También son fáciles de encontrar el lentisco y la cornicabra.

desde manantiales, albercas o represas y durante el estío corretean junto a las aceras de sus calles empedradas. Fieles al curso del Múrtigas alcanzamos la aldea de Las Chinas y entre huertas de regadío se despliega una enorme lieva, construida para conducir el agua desde el puente del Infierno hasta la primera central hidoreléctrica la sierra, la central de Los Batanes. La Nava recibe al viajero con la iglesia de Nuestra Señora de Gracia del XVI como protagonista, mientras que la despedida corre a cargo del humilladero del Cristo de los Caminantes del siglo XV. Este último templo se afirma en la confluencia de dos antiguas vías romanas: la que unía Ayamonte con Mérida y la que ponía en contacto Sevilla con Moura (Portugal). La Nava se da a conocer por sus exquisitos melocotones. En honor a esta fruta se regocija con la Fiesta del Melocotón en el último fin de semana del mes de agosto. Antes de llegar a Encinasola se dan cita en el decorado las dehesas de encinas y retazos de la vegetación ribereña original que orlaba las orillas del Murtigas. Este pueblo fronterizo por partida doble ocupa el límite noroccidental de la provincia onubense. Al norte linda con Badajoz y al oeste con Portugal. Su polémica ubicación obligó en el siglo XII a levantar en su suelo un castillo sobre las ruinas de una fortaleza musulmana. Para reforzar su defensa, en el siglo XVI se construyeron dos baluartes: el de San Felipe, que honra al monarca promotor de la obra, y el de San Juan, en honor de su hermano, Juan de Austria, restaurado en fechas recientes.

La llamada ruta de la Sierra Desconocida aborda los apenas concocidos pueblos de Cortelazor, Hinojales, Cañaveral de León y Arroyomolinos de León. Cortelazor se honra de su iglesia de Nuestra Señora de los Remedios del XVI, pero lo que llama la atención al forastero es el olmo de ochocientos años que ostenta el mando en la plaza de Manuel Sánchez Bermúdez, conocida popularmente como la plaza del Álamo. Un puñado de artesanos se mantienen fieles a la tradición y trabajan la madera para modelar cucharas, tenedores, palas, cajas o figuras que pronto se exhibirán en su proyectado Museo de la Artesanía. En dirección norte reposa un valle donde se alza la

Donde el agua está presente abundan los frutales: melocotoneros, perales, ciruelos, nogales,castaños e incluso manzanos están presentes en este Parque.

ermita de Coronada, patrona de la localidad y primitivo asentamiento romano que junto a una hermosa rivera nos invita al chapuzón. En la umbría del llamado Puerto Alto reluce el modesto pueblo de Hinojales. Su iglesia de Nuestra Señora de la Consolación de finales de siglo XV, ocultaba bajo la cal centenarias pinturas al fresco. En sus alrededores, la ermita de Nuestra Señora de la Tórtola luce al pie del altar una lápida con una inscripción paleocristiana. Es el templo de su patrona, a quien agasajan el 1 de mayo con la danza de La Lanza al son de la gaita, las castañuelas y el tamboril. Unos atribuyen su remoto origen a las etnias celtas cristianizadas y otros a los repobladores gallegos. La dehesa nos acompaña durante cinco kilómetros hasta Cañaveral de León. La coletilla «de León», que también comparte con el cercano Arroyomolinos de León y otros pueblos pacenses aledaños, proviene de la Orden Militar de Santiago, que tenía su sede principal en el convento de San Marcos de León. Aquellos monjes guerreros arrebataron este territorio al infiel en el siglo XIII y en calidad de encomienda permenecerán unidos hasta 1833, fecha en la que se crea la actual provincia de Huelva y se desligan administrativamente de sus poblaciones hermanas de la provincia de Badajoz. Cañaveral rinde culto al agua. En la plaza que nos recibe descansa la Fuente Redonda, cuyo caudal encauza una acequia por la calle Pantano hasta desembocar en la Laguna, una descomunal alberca situada a los pies del nuevo ayuntamiento. Este embalse riega hoy sus huertas a través de la imponente Calleja del Agua y refresca a los bañistas en verano, pero en el pasado aportaba su energía para moler harina y aceitunas. El molino de cubo y la almazara aún se mantienen en pie para dar fe. Tras cruzar el río Montemayor y abandonar el valle por el Puerto entre las Sierras del Bujo y Ruar, surge Arroyomolinos de León. Su iglesia de Santiago del siglo XVII y la ermita de nuestra Señora de Los Remedios ofician su liturgia arquitectónica. Los infinitos molinos de rodezno que salpican su término municipal justifican su topónimo. Desde hace unos años se está procediendo a su recuperación para promover en ellos el turismo rural.

La ruta más apetitosa es la del jamón. El rastro de su penetrante aroma se extiende por las localidades de Cortegana, Jabugo, Cumbres de San Bartolóme, Cumbres de Enmedio, Cumbres Mayores, Corteconcepción y Aracena. Este manjar de dioses que cautivó ilustres paladares como el de Lope de Vega o Baltasar de Alcázar ostenta desde 1995 la denominación de origen «Jamón de Huelva». Cortegana ha sabido convertir su pasado artesanal en modestas y florecientes industrias de carácter familiar. Entre ellas brillan con luz propia la frenería, afanada en la fabricación de bocados, estribos, espuelas; la cerámica, las pro-

cesadoras de corcho, las destilerías de licores y aguardientes, y en especial, las productoras de chacinas, jamones y paletas. Entre encinas y alcornoques bajamos al valle de río Caliente, donde se asientan dos importantes núcleos del municipio de Jabugo dedicados a la industria cárnica: Los Romeros y El Repilado. El pueblo de Jabugo, catapultado a la gloria por dar vida al mejor jamón de cerdo ibérico de la tierra, nos invita a pasear por su pintoresco casco antiguo en torno a la iglesia de San Miguel y la plaza del Jamón. Cumbres de San Bartolóme esta rodeado por dehesas de encinas, alcornoques y quejigos que aportan a sus paisanos corcho, leña, pastos y bellotas que sustentan a su poderosa cabaña porcina. Dos fábricas familiares se encargan de dar buena cuenta de sus cochinos. La Iglesia de San José con sus tres bellas portadas de cantería, varias casas solariegas y el castillo que mandó levantar Sancho IV el Bravo en el siglo XII imprimen la nota monumental en su blanco caserío. A su siniestra se encuentra Cumbres de Enmedio, el municipio menos poblado de toda la provincia. Sus habitantes se afanan en pequeñas huertas y sobre sus dehesas pasta el cerdo ibérico y las vacas retintas. A tiro de piedra se encuentra Cumbres Mayores, dominado por la silueta de su recio castillo. Sancho IV mandó construirlo en 1293 para hacer frente al ejército portugués que capitaneaba su hermano Juan. Monumento Nacional desde 1895 y restaurado con mimo, luce planta octogonal e impresionantes murallas de diez metros de altura en las que se intercalan ocho torres. A su sombra, el casco urbano tapiza la ladera suroeste del cerro que preside la fortaleza medieval. Su hermosa iglesia muestra excelentes piezas donadas por los cumbreños que hicieron fortuna en América. Al calor del cerdo, una docena de empresas familiares se esmeran en el salado y curado de jamones, paletas y chacinas. Cerca del embalse de Aracena, el pueblo Corteconcepción recibe al viajero sobre la rivera de las Buervas convertido en un poderoso centro industrial en torno al cerdo ibérico. Nace de la fusión del primitivo núcleo de La Corte, donde descansa la la iglesia de Nuestra Señora de la Concepción, y el barrio de Puerto Gil, Conjunto Histórico-Artístico presidido por la ermita de San Juan. La villa de Aracena pone fin al trayecto con un hervidero de bares de tapas y restaurantes. Su Feria del Jamón y el Cerdo Ibérico es ya una institución. En el Parque Natural Sierra de Aracena y Picos de Arche es fácil encontrar una tasca o una acogedora venta donde degustar sus ricas viandas. Sobre los carteles de los bares se despliega un rosario de tapas típicas, como las castañuelas o la amígdalas de cerdo. Pero también nos brindan una buena coleción de recetas que tienen al cerdo como protagonista: el relleno de carne, el lomo con frutos secos, el salchichón en aguardiente de Cortegada, el relleno de la Sierra, el adobao de Aroche, el caldillo de matanza... La cocina serrana nos haran perder la cabeza con el pollo al ajillo, la perdiz en estofado, las migas, el conejo al ajillo, los guisos de papas, el gazpacho majao y el gazpacho de invierno, las empanadas... En el apartado de las sopas destaca el el ajo gañán, la sopa de olores y la sopa de Carnaval, mientras que en el apartado de las verduras nos deleita con el guiso de papas chicas de Jabugo, el bollo de papa, el pisto y las habichuelas con tomate. En la Sierra brotan exquisitas setas, entre ellas el tentuyo, la josefita, el níscalo, la cagarria, el gallipierno o la tana. Las más más preciada es el gurumelo, materia prima de exquisitos platos como las habas tiernas con gurumelos, los gurumelos guisados y los gurumelos en fritada. Sin olvidar sus deliciosos quesos, los postres son otra dulce tentación. La tarta de castañas de Fuenteheridos, las perrunillas, la flor de miel y los huevos moles de Corteconcepción, la sopa de castañas de Castaño del Robledo, las torrijas, el prestine de Encinasola, melocotones en aguardiente, el dulce de membrillo, crema de bellotas y la torta de chicharrones no dejan lugar a la duda. Entre las bebidas hay que probar el mosto de Galaroza y los aguardientes de Almonaster la Real y Cortegana. Tras la degustación, nos despedimos del Parque Natural Sierra de Aracena y Picos Aroche donde Sierra Morena da sus últimos coletazos. Piaras de cerdos negros se adueñan de la dehesa. Y como dice el refrán, del cerdo hasta los andares.

Estas dehesas son recorridas cada día por los cerdos ibéricos. Estamos en tierras de Jabugo, Cumbres Mayores, Aracena... Los mejores jamones han corrido por estos campos.

Parque Natural Sierra de Baza

La Sierra de Baza debió llegar tarde al reparto de papeles estelares y dentro de las grandes cadenas montañosas de la Andalucía Oriental le tocó en suerte hacer de cenicienta. El estrellato de Sierra Nevada o de las sierras de Cazorla y Segura han eclipsado sus innegables atributos naturales y culturales de forma sistemática. Este olvidado y desconocido macizo logra salir del gris anonimato en el año 1989, cuando las autoridades andaluzas reparan en sus cualidades ecológicas y deciden declararlo Parque Natural. Y es que en sus cumbres se alzan los mejores bosques de pinos silvestres de alta montaña de toda Andalucía. Al repasar su memoria, la Sierra de Baza encuentra gratos recuerdos en un pasado lleno de esplendor en torno a la villa de Baza. En la antiguedad adquiere notoriedad a costa de su estratégica ubicación como zona de paso entre Andalucía y Levante a través del camino natural que supone el surco intrabético. La huella del hombre en estas abruptas tierras se remonta al Paleolítico Inferior, como pone de manifiesto el yacimiento de la Cuesta de Baza, donde se han encontrado huesos de caballos, elefantes y rinocerontes a los que aquellos primitivos seres daban caza hace setecientos cincuenta mil años. De los albores del Eneolítico nos dejaron pinturas rupestres de burdo estilo esquemático en el monte Jabalcón y necrópolis megalíticas. En el área de Gor y Gorafe se localizan sepulcros de la Edad de Bronce, aunque su época

En esta página la cumbre del monte Santa Bárbara, cubierta de nieves. A la derecha, arriba, el pueblo de Baza, contra el fondo de la sierra. Abajo otro aspecto del pico de más de dos mil metros sobre el nivel del mar.

La población ha disminuido considerablemente en los municipios que forman el Parque. La emigración ha sido masiva y apenas quedan siete mil personas en los pequeños pueblos.

dorada llega con la Edad del Hierro. Es entonces cuando germinan las legendarias metrópolis de Basti y Tútugi, precedentes mileranios de las actuales ciudades de Baza y Galera. Basti se erige en el centro neurálgico de la llamada Bastetania e incluso acuña moneda, mientras que Tútugi entabla intensos lazos comerciales y culturales con griegos y cartagineses. Algunos autores sostienen que sus habitantes fueron los fieles continuadores de la cultura de El Algar y se les dintingue de los pueblos íberos en tanto que situados más al oeste y vinculados al mundo tartésico. El espectacular yacimiento del Cerro del Santuario o de los Tres Pagos desvela muchas incógnitas sobre aquel singular pueblo. Su famosa necrópolis sale a la luz en 1953, pero las excavaciones no se acometen hasta 1968 y culminan en 1971 con el descubrimiento de la enigmática Dama de Baza. Este cementerio gigante reposa sobre un cerro de cien metros de largo por cuarenta de ancho y acoge unos ciento setenta enterramientos diferentes con sus respectivos ajuares que abarcan un período comprendido entre los siglos V y III antes de Cristo. Aparecen restos de cerámica sin decorar y objetos de barro ibéricos de resonancias griegas, así como fragmentos de cerámica importada de Grecia y otros de ascendencia púnica pero de fabricación propia. La pieza capital es la Dama de Baza, una figura femenina sedente sobre un trono alado que luce un agujero cuadrado en su parte derecha destinado a guardar las cenizas del difunto. Datable en la primera mitad del

DATOS DE INTERÉS

Denominación: Sierra de Baza.

Clasificación: Parque Natural.

Situación: En la zona centro-oriental de la provincia de Granada.

Superficie: 52.337 hectáreas.

Límites: Municipios de Baza, Caniles, Gor, Charches (Valle del Zalabí) y Dólar.

Especies animales más comunes:
Cabra montés, Buitre leonado, Búho real, Águila real, Tejón, Zorro, Collalba, Roquero, Sapo común, Lagartija rabilarga, Culebra lisa, Salamanquesa común, Ratón de campo, Águila perdicera, Garduña, Águila calzada, Comadreja.

Especies vegetales más comunes:
Encinares, Romerales (*Rosmarinus officinalis*), Augulares (*Genista scorpius*), Espartales (*Stipa tenacissima*), Salviares (*Salvia lavandulifolia subsp.*), Esplegares (*Lavandula latifolia*), Lastonares (*Festuca scariosa*), Rascales (*Adenocarpus decorticans*), Jarales (*Cistus laurifolius*), Acerales báticos, Pinos salgareños, Pinos albar, Enebros, Sabinas rastreras.

Características que lo hacen especial:
Variada gama de ecosistemas. Restos paleolíticos de las cuevas rupestres en el monte Jabalcón. Importantes manifestaciones de antiguas culturas que poblaron esta zona, como: La Dama de Baza, siglo IV a C. y restos de la Vía Augusta.

Organismo o entidad responsable de su gestión:
Agencia de Medio Ambiente
Consejería de Cultura y Medio Ambiente
Junta de Andalucía.

Equipo humano que trabaja en el:
1 director-conservador,
Personal técnico,
Agentes de Medio Ambiente.

Acceso: Libre.

siglo IV antes de Cristo, comparte influencias griegas con toscos rasgos indígenas. Su función de urna funeraria se relaciona con la cultura etrusca y también con ciertos ritos de la civilización ibérica.

En el primer tercio del siglo III anterior a nuestra era, los generales cartagineses Almícar y Asdrúbal se lanzan a la conquista abierta de la Bastetania. Publio Cornelio Escipión toma la antigua Basti en el año 209 antes de Cristo y bajo la dominación romana pierde su soberanía sobre esta región a manos de Acci, la primitiva Guadix. Su huella pervive en el Cerro del Cepero, donde descansa una necrópolis de incineración y restos de una gran villa romana cuajada de cerámica y esculturas, como el togado que hoy se exhibe en el Museo Arqueológico Nacional. Basti fue un importante paso romano que desde los Pirineos llegaba hasta Cástulo (Linares) y aún se conservan vestigios de aquella Vía Augusta que tendía un puente entre la Bética e Italia. En el siglo VI Leovigildo emprende con éxito su campaña militar por estas tierras y la Bastetania pasa a denominarse Orospeda. En esta etapa visigoda se implanta el obispado de Baza, que incluso sobrevivirá en los primeros tiempos de dominio

Los pinares de las variedades albar y salgareño son considerados por los expertos verdaderas joyas botánicas. Las talas incontroladas han deforestado varias zonas.

La mayor parte de los cultivos son de secano. La escasez de lluvias y las características del suelo no permiten otra cosa. El cereal que más éxito tiene es la cebada, seguido del trigo.

musulmán. Abd Al-Aziz ben Musa conquista la ciudad en el año 713 y a partir de este momento su población, básicamente muladí, se entrega al comercio y la industria artesanal. La ganadería y la agricultura se convierten en la base económica de la comarca. La cría de caballos y el ganado lanar monopolizan su cabaña y aunque el regadío se va imponiendo, los cultivos de secano llevan las riendas con el viñedo, el olivo y los cereales. Cuando la España árabe se fragmenta en los reinos de taifas, Medina Bastha queda bajo la órbita de Granada, dominada entonces por la familia Zirí, y juega un papel decisivo dentro del sistema defensivo de la frontera norte. Ostentaba una poderosa muralla perfilada por abundantes torreones de cantería. Del inexpugnable muro quedan cuatro torres albarranas y otros dos torreones más pequeños de mampostería de piedra y tapial. En su interior debió albergar un modesto alcázar ricamente decorado y las fortalezas de Húescar, Orce, Caniles, Benzalema y Banamaurel establecían en su torno un cinturón exterior de seguridad. Cuando los nazaríes se hacen con el poder granadino, cae bajo su yugo en 1312. Gil Carrillo de Albornoz, arzobispo de Toledo, acomete sin resultados la conquista de las tierras de Baza en 1331 y construye el castillo de Benzalema en el camino de Zújar, cuyos restos aún perduran. En 1488 los Reyes Católicos toman cartas en el asunto y se apoderan de algunas localidades circundantes como Huéscar, Vélez-Blanco, Benamaurel o Galera, e incluso el propio Fernando al mando de sus huestes asedia Baza en un fustrado intento. Finalmente y tras el famoso episodio del Cerco de 1489, Medina Bastha capitula ante Isabel y Fernando. Baza, que sólo era accesible por uno de sus flancos, ve incrementada su población hasta treinta mil habitantes con la llegada de un grupo de musulmanes procedentes de la zona derrotada y los refuerzos militares del infiel que acuden en su defensa. El ejército cristiano, formado por cincuenta mil hombres según los cronistas de la época, llega a territorio bacense en mayo y durante un mes se afana en la destrucción de su fértil vega para instalar su campamento y artillería. Las operaciones previas finalizan en junio y se procede al cerco. La media luna y la cruz se enfrentan en encarnizadas batallas durante seis largos meses, hasta que los cristianos consiguen arrancarle la capitulación en diciembre.

De su pasado musulmán Baza conserva orgullosa uno de los baños más antiguos de la península. Estas construcciones fueron muy populares en el período musulmán y Baza llegó a tener dos, el hoy desaparecido de la Morería y el de la Judería que hemos heredado. Levantado entre los siglos X y XI con poderosos muros y cubierto por recias bóvedas, muestra tres salas inscritas en un rectangulo que se comunican por medio de arcos. Su colegiata de Santa María del siglo XV supera en grandeza a muchas catedrales españolas e incluye elementos formales toledanos y granadinos a través de sus dos artífices: Antonio Alonso de Covarrubias y Gil de Siloé. La alcazaba, el claustro de Santo Domingo y la fuente de los Caños Dorados de principios del siglo XVII engordan su patrimonio arquitectónico. La vivienda popular bacense encuentra en estas tierras dos versiones. Por un lado se prodigan las casas de reminiscencias romano-musulmanas de estructura de madera, con balcones que vuelan generosos y paredes encaladas con

Santa Bárbara, abajo, Quintana y Blanquizales forman parte del llamado Complejo Alpujárride, con bases de filitas y cuarcitas.

profusión. La otra opción tiene aires trogloditas y surge a partir de la adecuación de las numerosas cuevas que hay en sus montículos arcillosos. Entre sus características destaca el desmonte delantero que genera una terraza por la que se accede a la vivienda y la puerta arqueada con jambas de ladrillo. Suelen ser de un sólo piso con suelos de baldosas de barro cocido y tanto su interior como su exterior aparecen recubiertos de cal. Baza se da a conocer por sus afamadas fiestas de de moros y cristianos, cuando todos sus habitantes al unísono reviven la eterna disputa entre las dos etnias, aunque la fiesta del cascamorras es mucho más pintoresca y colorista. Su origen se remonta a los tiempos de los Reyes Católicos tras la conquista de Baza. Cuenta la tradición que cuando en 1490 se inician las obras de reconstrucción de la antigua ermita de la Virgen de la Merced, apareció un bloque de yeso incrustado entre los muros. Un albañil accitano llamado Juan Pedernal le rompió con su pico y descubrió en su interior una pequeña imagen de la Virgen que se llamó de la Piedad. Accitanos y bacenses rivalizan entonces por su propiedad y aunque queda en poder de Baza, el altercado se resuelve con la fundación de una cofradía que cada año acudiría el 8 de septiembre a agasajar a la imagen compartida. De ahí la figura del cascamorras, un personaje vestido de de bufón que encabeza la comitiva que parte de Guadix y recorre cincuenta kilómetros a pie para honrar a la virgen. Vestido de colores y con su cachiporra en ristre se encarga de animar la peregrinación. Los habitantes de Baza salen a su encuentro de muy malas maneras y el cascamorras bandea el temporal en un intento de atravesar la ciudad y alcanzar la ansiada ermita. Al llegar al templo, lo que antes eran insultos y agresiones se transforman en vitores y aplausos.

El Parque Natural Sierra de Baza se asienta con sus cincuenta y dos mil trescientas treinta y siete hectáreas de superficie, en el sector centro-oriental de la provincia de Granada es parte integrante de las Cordilleras Béticas. Rodeada de un árido paisaje y vestida de verde intenso, se alza cual isla montañosa y climática en el centro de las Hoyas de Guadix y Baza como contrapunto a las altiplanicies o «bad-lands» que

El agua es un bien escaso a pesar de que la nieve llega todos los años a las cumbres. La ausencia de vegetación y el carácter torrencial de las lluvias potencian la escorrentía.

la circundan. La base del pie de monte de este macizo marca sus dominios sobre la llanura y pone freno al avance del desierto. Tan sólo se prolonga abrupto por su costado suroriental a través de la Sierra de Filabres, que penetra rotunda en territorio almeriense. La carretera N-342 que une Granada y Almería pasando por Guadix y Baza acota sus contornos por el norte. Los términos municipales de Baza, Caniles, Gor, Dólar y Charches confluyen en esta reserva ecológica de alta montaña. Las localidades de Baza, Caniles y Gor, depositaria esta última de los restos de un castillo árabe-medieval, bordean su perímetro. Dentro de sus fronteras descansan el poblado de Charches, que ubicado a la sombra de la Sierra de Gor preside el hermoso valle de Zalabí donde florecen los frutales, y el deshabitado Dólar, que en la ladera de la serranía que linda con Almería dormita junto a las ruinas de su fortaleza musulmana. Las alturas de esta impresionante cadena montañosa oscilan entre los 847 metros de la villa de Baza y los 2271 del Calar Santa Bárbara, que en su mismo corazón ostenta la máxima altitud. Desde esta atalaya caliza se divisa una impresionante panorámica de las cadenas montañosas que rodean al de Sierra de Baza. Otras elevaciones de postín son el Rapa (2228 m), el Picón de Gor (2157 m), el Calar de San Sebastián (2159 m) y el Calar del Descabezado (2006 m). En invierno refulgen tapizados de nieve y el azafrán blanco brota delicado entre el hielo. Más al norte se empina hacia el cielo la mole de Cerro Quintana (1921) y por el sur destacan las cumbres de San Cristóbal (1458 m) y Las Tejoneras (2030 m). El Punta, petréo mirador de 1240 metros de fuste, guarda su flanco oriental con su brava estampa. La naturaleza de este entramado montañés es básicamente caliza a tono con el macizo Alpujárride, pero también encuentran acomodo en sus escarpadas hechuras fragmentos de cuarcitas y mármoles vinculados al complejo Nevado-Filábride, asi como conglomerados, areniscas y margas. Los materiales impermeables abundan en estos parajes de acusada pendiente y con el deshielo aparecen por doquier zonas encharcadas, como la meseta que descansa al pie del Calar de Santa Bábara tapizada de verdes prados la

La actividad forestal es después de la agrícola la más importante de la zona. El aprovechamiento incluye madera, resina, esparto y leña.

El clima es semiárido en toda la zona. La influencia del anticiclón de las Azores durante el verano provoca ciento veinte días de sequía.

mayor parte del año. En el sector norte y centro del Parque surgen cuevas, dolinas y lapiaces propios de la morfología kárstica que tapizan el paisaje de cerros cónicos que dan paso entre sí a barrancos cortos y abiertos en forma de V. Sobre los escarpes rocosos de alma caliza el agua esculpe caprichosas grietas que le confieren un pétreo aspecto de queso gruyere. La intensa actividad minera de otros tiempos también ha dejado su huellas y sus minas de caliza y yeso, hoy abandonadas, se integran a tan fantasmagórico decorado. Ligados a su idiosincracia calizo-dolomítica hacen acto de presencia los acuíferos de vida subterránea que emergen a la superficie en forma de manantiales y fuentes: a fuente de las Víboras, cercana al Barranco de los Hoyos; la fuente de los Atrevidos y de Morales, que manan briosas en el sureste; la fuente del Royo del Serval en su límite occidental... Las surgencias brotan cristalinas en los barrancos de Fraguara, Jarales y Don Diego. En la zona sur y centro-oriental se procedió al aterrazamiento de sus laderas para repoblarlas de pinos y sobre sus dominios meridionales perviven reductos glaciares.

El macizo bacense goza de un clima mediterráneo semiárido. Las lluvias, comprendidas entre los trescientos cincuenta y seiscientos milímetros anuales, son copiosas en otoño y en primavera. Tienen mayor incidencia en la vertiente norte que en la sur y suelen ser más abundantes en el oeste que en el este debido a que las nubes procedentes del océano no consiguen atravesar las grandes elevaciones y descargan en su costado occidental. Los vientos del oeste visitan sus dominios de forma insistente y sus cumbres permanecen encanecidas hasta bien entrada la primavera. En verano vive bajo la influencia del anticiclón de las Azores, lo que imprime a su carácter un aire tropical seco de altas temperaturas. Lo más típico de su climatología viene dado por sus ciento veinte días de sequía estival. La intrincada orografía marca a fuego la red hidrográfica del Parque. Las sierras de Baza y Gor establecen con propiedad la divisoria de aguas entre la Hoya de Guadix y la Hoya de Baza, serpenteadas por un manojo de cursos fluviales a los que dan vida y que en época de lluvias lucen un carácter torrencial. Su vena maestra es el río Gor, que

El río Gor, a la izquierda, recibe los aportes de los barrancos de las Casas de don Diego, Los Hoyos, Fraguara y Banajara y el arroyo del Raposo.

recoge las aguas de la vertiente sur a manos del Barranco de las Casas de Don Diego y desemboca en el Guadiana menor. Éste también es el destino del río Baza que por el norte recolecta los caudales del río Galopán, el Arroyo de Machite y la Rambla de Granada. A su patrimonio líquido se suman un sinfín de barrancos que surcan el paisaje profundos y encajonados, como el Bodurria, el Moras y el Uclías que conforman recios cañones de paredes escarpadas. Sus tortuosos cursos comparten espacio con infinitos arroyos y ramblas, como la rambla de Valcabra, la rambla Zuaime, la rambla del Corial, la rambla del Cejo... Su aprovechamiento forestal se centra en la explotación maderera de coníferas y chopos, junto con la obtención de resina, esparto y leña. Otra fuente importante de riqueza es la ganadería, monopolizada por las ovejas de raza «segureña». La caza y la apicultura también aportan su beneficios. Aunque la mayor parte de la jurisdicción del Parque Natural Sierra de Baza es de titularidad pública, cuenta con un sector dedicado a la actividad cinegética que gestiona una sociedad de cazadores en estrecha colaboración con la Agencia de Medio Ambiente. Los amantes del senderismo están de suerte porque numerosos caminos forestales surcan este recinto protegido en todas direcciones. Su estrella es el sendero GR-7, aunténtica autopista forestal que conecta estas tierras con los Pirineos. El Parque Natural Sierra de Baza ofrece al visitante servicio de guías para degustar sus intimidades de la mano de expertos. También se realizan trabajos de campo y otro tipo de actividades relacionadas con la artesanía de la comarca. El cortijo de Narváez funciona como centro de recepción e interpretación. El término municipal de Baza hace gala de cinco áreas recreativas (Fuente del Pino, Tablas, La Canaleja, Pinarillo y Bastidas), mientras que Los Olmos pertenece a Caniles. El llamado Pozo de la Nieve es un refugio de montaña de propiedad municipal que recibe al caminante en los Prados del Rey. En otro tiempo, los serranos instalaban aquí su frigorífico natural y en verano tiraban de él para conservar alimentos y fabricar helados. El Cascajar, en Gor y El Raposo, en Dólar, nos dan la bienvenida con sendas casas rurales recién rehabilitadas.

El manto vegetal que cubría la Sierra de Baza ya no es lo que era, aunque afortunadamente nadie osó profanar sus cumbres de pinos silvestres. La extracción sin freno de madera y carbón durante los primeros años de siglo y la postguerra le han dejado casi en cueros, sobre todo en sus bordes. Quizá por pudor, su reforestación masiva a base de pino negral y pino carrasco se acomete en la década de los cuarenta y cincuenta, a cuyos pies brota en otoño el paraíso de las setas. Sin embargo, en su escabrosa fisonomía conviven aún fragmentos del primitivo bosque mediterráneo, pinares autóctonos y pastizales de alta montaña, especies de hoja caduca que ocupan las áreas más húmedas y masas de coníferas de repoblación. La vegetación adopta distintos ropajes en función de la altura. Entre los novecientos y los mil cuatrocientos metros pervive el encinar original

En las zonas altas la vegetación es escasa. La presión del hombre hizo desaparecer al quebrantahuesos y el lobo. Sobreviven culebras, salamanquesas y lagartijas.

Ovejas de raza segureña, a la derecha, pastan entre las retamas. En los picos escarpados reinan el buitre leonado, el búho real, las collalbas y los roqueros como el ce esta página.

con el oloroso cortejo de la retama, el romero y la jara blanca. A su alrededor surgen altos matorrales de enebro, torvizco, coscoja y espinos. Las plantas trepadoras entran en escena a través de esparragueras y madreselvas junto con peonías, orquídeas, primaveras y musgos. Los Llanos del Chaparral y la Dehesa del Raposo dan fe de este ecosistema de vocación medi terránea. En las zonas castigadas por el pastoreo, la dehesa se adueña del paisaje en compañía de coscojas, retamas y escobones que con dos metros de envergadura forman auténticos bosquetes. Donde los árboles han desaparecido sin dejar rastro aparecen compactos espartales y romerales salpicados de tomillo, siempreviva, «abrótano», escobilla, cardo corredor, cardo lechero... Entre los mil trescientos y los mil ochocientos metros el encinar pierde densidad y categoría. Las especies espinosas se lanzan a invadir los suelos profundos y secos de la mano del agracejo, el majuelo y las rosas silvestres, a los que se suman el endrino, el heleboro y la «Onomis aragonesis». Los arbustos de enebro y torvizco se mantienen fieles a la encina, cuya tala indiscriminada invita a tomar asiento al espino y la retama, cuya presencia se respeta e incluso fomenta en aras de la tradición ganadera de la Sierra de Baza. En los terrenos pedregosos florece la salvia y el espliego, mientras que el pino negral desciende de las cumbres para conquistar las pendientes pronunciadas. Sobre las tierras pobres y exentas de matorral brotan una abultada cantidad de especies que forman los llamados pastizales puros, de escaso valor forrajero. En algunas umbrías y barrancos aún perviven como botón de muestra modestos bosques de arces y espinos, escoltados por el escaramujo, la peonía, la madreselva, el heleboro y la primavera, cuya degradacion da paso a un intrincado tapiz dominado por el majuelo, el endrino andaluz, la zarza, los rosales y el agracejo. Acerales y espinos, antaño tan

numerosos, sobreviven en en ladera norte del calar de Santa Bárbara, en el Barranco de la Relumbre, en el barranco de Fonfría... Al llegar el otoño estos bosques caducifolios protagonizan una explosión cromática y las copas de los arces tiñen el paisaje de rojos y ocres. Los salviares colonizan las zonas desforestadas y se muestran pletóricos en Cerro Grande y Majada Honda, sobre las Juntas y el hermoso Puerto de los Tejos, en el valle del río Gor. A su calor acuden el espliego, el tomillo, la mejorana, la aulaga y el «asiento de la monja».

Por encima de los mil ochocientos metros el Parque Natural Sierra de Baza guarda su mayor tesoro. Como auténticas reliquias botánicas, los bosques de pino albar y salgareño se yerguen sobre sus cumbres para recordarnos lo que fueron los originales pinares béticos del sureste andaluz. Su esbelta figura brilla con luz propia en el núcleo central del macizo de Baza, en especial sobre el Calar de Santa Bárbara y los Prados del Rey, el Calar de San Sebastián, la Fonfría, el Relumbre y el Mayoral. En umbrías y suelos potentes crecen densos hasta alcanzar más de diez metros de altura. Debido a su avanzada edad y a la acción incesante del viento, sus copas suelen presentar forma de bandera. Una tupida alfombra de enebros y sabinas rastreras se arremolina en su torno, aunque también encuentran acomodo otras especies arbustivas y plantas espinosas de hoja caduca que hacen carrera durante las estaciones más húmedas. Los piornales ocupan las crestas y roqueros junto al tomillo y una comunidad espinosa que planta cara a la nieve, al hielo y al

Lobos, linces, corzos y ciervos desaparecieron de la Sierra de Baza. Apenas quedan ginetas, garduñas, comadrejas, conejos y liebres.

En esta página, abajo, vista del pueblo de Gor, que ha sido habitado desde el Neolítico. Es una de las poblaciones que forman parte del Parque Natural.

tórrido verano: el mancaperros o «Astragalus granatensis», el asiento de monja, el piorno de crucecitas. Sobre las rocas que contienen algo de magnesio florecen muchos de sus veintiún endemismos: «Andryala agardehii», «Pterocephalus spathulatus», «Anthyllis vulneraria subsp.argyrophylla», «Cerastium boissieri», «Seseli granatense», «Poa ligulata», «Arenaria tomentosa», «Festuca hystrix»... Los verdes prados de alta montaña son frecuentes en varios puntos de la Sierra de Baza, pero especialmente significativos en los llamados Prados del Rey, próximos al Calar de Santa Bárbara y a dos mil metros de altura. Aunque menos extensos, también se personan en la ladera norte del Barranco y de Fonfría. Se engendran sobre llanuras de suelos impermeables de filitas donde el agua se acumula tras el deshielo, lo que asegura la ausencia de pinares y sabinas. Su profusa vegetación herbácea forma verdaderos «borreguiles», muy similares a los de Sierra Nevada. La comunidad vegetal que toma asiento está condicionada por el grado de encharcamiento. En los suelos más secos surge un pastizal de gramíneas vivaces capitaneado por la «Festuca hystrix». Sobre los terrenos más húmedos, las gramíneas ceden su protagonismo a las leguminosas y en condiciones de humedad casi permanente prospera un pastizal rico en especies de gustos acuosos.

El lobo, el lince, el corzo y el ciervo desaparecieron de la Sierra de Baza sin dejar rastro a lo largo del siglo que toca su fin. En el hábitat que tapiza sus laderas encuentran cobijo la gineta, el tejón, la garduña, la comadreja, el conejo, la liebre y un buen número de aves y roedores. En

los dispersos bosques de arces que dan testimonio de su pasado vegetal campan por sus respetos el gato montés y el nocturno búho real. Al resguardo de los encinares de intrincada vegetación y bajo la penetrante mirada del águila calzada y el águila perdicera, se buscan la vida el zorro y el jabalí y el ratón de campo, la culebra bastarda, la lisa y la de escalera, la salmanquesa común y la lagartija rabilarga... El pinar autóctono que ha conseguido llegar impecable hasta nosotros en aras de su inaccesibilidad, es el centro de operaciones del azor y por encima de esta altura y en torno a los prados de alta montaña han establecido su coto privado de caza varias parejas de águila real. La cabra montés, reducida a pequeñas poblaciones, se despeña a gran altura sobre la roca desnuda mecida por el trino de collalbas, roqueros y escribanos. El buitre leonado surca el cielo muy atento y coincide en sus planeos con el ratonero... Ante semejante despliege de vida la Sierra de Baza no puede seguir siendo esa gran desconocida y desde la provincia de Granada nos invita a descubrir los encantos de una isla montañosa.

Parque Natural Sierra de Cardeña y Montoro

En la inmensidad de un ondulado paisaje cuajado de olivos la ilustre villa de Montoro se asoma al sinuoso meandro que traza sobre tierras cordobesas un adolescente Guadalquivir que acaba de abandonar la provincia de Jaén. Abrazado por el mítico río andaluz, su níveo caserío tapiza una colina sin dejar resquicios y se llega hasta sus mismas aguas. A través del puente de las Doncellas, construido en el siglo XV por Enrique Egas, entabla conversación con su casco ubano más moderno del barrio del Retamar que dormita en la otra orilla sobre la llanura. Una emblemática torre roja se alza vestida de ladrillo sobre todo el conjunto blanco y escalonado. Hernán Ruiz II inició su construcción en el siglo XVI y fue rematada el el XIX por un campanario de estilo neoclásico. Su esbelta figura remata la hermosa iglesia gótico-renacentista de San Bartolomé, cuyas obras acometió Hernán Ruiz el Viejo a finales del siglo XV. Conocida como Aipora o «mirador de cielo elevado» entre los griegos, Montoro será Epora para los romanos y se convertirá en poderosa ciudad fortificada con la llegada de los musulmanes a la Península. Toma su nombre actual bajo el reinado de Alfonso VII el Emperador que en el año 1055 la gana momentaneamente para la causa cristiana. Tras debatirse entre la cruz y la media luna, en 1238 Fernado III se la arrebatará para siempre al infiel. En 1634 el marqués de El Carpio, don Luis Méndez de Haro, compra su jurisdicción y en el siglo XVII accede a la categoría de

El río Yeguas, arriba y en la página contigua, es un afluente del Guadalquivir que recorre la sierra de Cardeña. Algunas de sus aguas vienen de sierra Madrona en la provincia de Ciudad Real.

Fuencaliente
CIUDAD REAL
CÓRDOBA
JAEN
N
PARQUE NATURAL DE CARDEÑA Y MONTORO
(Córdoba)
Hinojosa del Duque
Pueblonuevo
Fuenteovejuna
Espiel
Cardeña
Montoro
CORDOBA
Palma del Río
Castro del Río
Baena
Montilla
Río de las Yegüas
Colmena
828
Azuel
SIERRA MORENA
Cardeña
Embalse de Cardeña
Venta del Cerezo
Aº Arenoso
Garullo
774
Aº del Zocorejo
Castellón de los Chorros
Aguila
767
Venta del Charco
Brezorrubios
782
CÓRDOBA
JAÉN
Casas de Manuelas
Suelos Viejos
760
Cortijos de Fimia
Caserío de García Gómez
San Antón
665
La Chaparrera
Las Moreras
Aº Arenoso
Aº Arenosillo
Embalse de Martín Gonzalo
Arroyo de Carcomé
Río de las Yegüas
Torrecilla
Embalse de Río Yegüas
Madroña
Río Arenoso
Baños de Arenosillo
Aº de Martín Gonzalo
Embalse de Marmolejo
Balneario de Marmolejo
Santa Brígida
Marmolejo
Ermita de la Fuensanta
Río Guadalquivir
Nava
Río Guadalquivir
Montoro
San Julián
La Estación
Apeadero de los Silos
Valcargado
Villa del Río
0
2.500 m
5.000 m
SIMBOLOS
Límite provincial
Límite del Parque
Ferrocarril
Vértice
Mina
Balneario
Ermita, santuario
Lobo
Lince
Nutria
Aguila imperial, real, calzada
Ciervo
Jabalí
Perdiz
Paloma
Conejo
Lagarto ocelado
Galápago leproso
Azor
Buitre leonado
Gato montés
Gineta
Encina
Acebuche
Quejigo
Alcornoque
Pino negral, piñonero y canario
Roble melojo o rebollo
Madroño
Álamo blanco y negro
CORDOBA

ducado en aras de su concesión a don Luis de Haro y Guzmán por parte de Felipe IV. De su etapa musulmana conserva la muralla y dos recios castillos: el de la Mota, hoy desaparecido y en cuya plaza de armas se encuentra la hermosa plaza de Santa María, y el de Julia. Su trazado urbanístico está cuajado de callejuelas blancas, salpicado de nobles casas que nos remiten a su pasado ducal y de pequeñas ermitas levantadas entre los siglos XVI y XVIII. La iglesia de Santa María del Castillo de la Mota guarda tras sus muros tres naves de arcos apuntados, sostenidas por columnas y capiteles de piedra de origen romano y visigodo que descansan sobre pedestales de jaspe azul. El hospital de Jesús Nazareno fue inagurado en 1778 y

DATOS DE INTERÉS

Denominación: Sierra de Cardeña y Montoro.

Clasificación: Parque Natural.

Situación: En el cuadrante nororiental de la provincia de Córdoba.

Superficie: 41.212 hectáreas.

Límites: Términos municipales de Cardeña y Montoro.

Especies animales más comunes: Lobo, Lince, Nutria, Águila imperial, real y calzada, Ciervo, Jabalí, Pérdiz, Paloma, Conejo, Rana común, Sapo partero ibérico, Lagarto ocelado, Galápago leproso, Culebrilla ciega, Azor, Buitre leonado.

Especies vegetales más comunes: Encina, Acebuche, Quejigo, Alcornoque, Pino negral, piñonero y canario, Roble melojo o rebollo, Madroño, Lentisco, Coscoja,

Características que lo hacen especial: Las típicas dehesas pedrocheñas. Restos arqueológicos. Importantes valores culturales y naturales.

Organismo o entidad responsable de su gestión: Consejería de Medio Ambiente. Junta de Andalucía.

Equipo humano que trabaja en el: 1 Director-conservador. 4 Agentes de Medio Ambiente.

Acceso: Libre.

Las dehesas de encinar en muy buen estado de conservación proporcionan la imagen característica del Parque. En ocasiones aparecen mezcladas con robles y coscojas.

guarda bajo llave suntuosos patios de estilo dieciochesco. También del siglo XVIII destaca su iglesia de Nuestra Señora del Carmen, con su bello retablo barroco e importantes pinturas y esculturas de los siglos XVII y XVIII. Dentro de la arquitectura civil brilla con luz propia el noble Ayuntamiento. De trazas platerescas y arrebatadores artesonados mudéjares, fue el palacio de los duques de Montoro desde el siglo XVI. Todas estas joyas le valieron a Montoro la declaración de Conjunto Histórico-Artístico en 1969. Pero los montoreños empiezan a ser conscientes de que la riqueza de un pueblo no sólo se mide en función de su patrimonio cultural y arquitectónico, sino también en aras de sus recursos naturales y su diversidad biológica. Bajo este prisma, el llamado Parque Natural Sierra de Cardeña y Montoro es ahora la niña de sus ojos y auténtico protagonista de sus desvelos ecológicos. Se trata de un fragmento intacto de la naturaleza primigenia que todavia late en este retazo de Sierra Morena consagrado a la caza y a la ganadería. En este paisaje amable, surcado por cercas de piedra que encuentran en el omnipresente granito su razón de ser, se tercian en galante cromatismo el verde intenso, el pardo, el grisáceo y el azul.

Desde que el mundo es mundo, Sierra Morena se encarga de establecer las distancias entre La Mancha y el valle del Guadalquivir... Recostado en su mismo corazón, el Parque Natural Sierra de Cardeña y Montoro da rienda suelta a sus cuarenta y una mil doscientas doce hectáreas de aterciopelada serranía en el nordeste cordobés. Su costado oriental se perfila a lo largo de la linea divisoria que marca la frontera entre las provincias de Códoba y Jaén a través del voluptuoso río Yeguas, plegándose a los contornos del también Parque Natural Sierra de Andújar que respira a pleno pulmón sobre territorio jienense. Por el poniente se deja acotar por el Arroyo Arenoso, donde los pequeños pueblos de Azuel y Cardeña se asientan linealmente sobre la llanura para custodiar su flanco noroccidental pero sin penetrar en sus dominios. Desde la lejanía y erigida en blanca centinela, la villa de Montoro guarda sus accesos por el sur. Las tierras llanas de Ciudad Real establecen su linde norte, con el valle de Alcudia como telón de fondo. De hecho, la N-420 (Ciudad Real-Puertollano-Cardeña-Montoro) atraviesa sus posesiones de cabo a rabo. Declarado espacio protegido en el año 1989, es deudor de los términos municipales de Cardeña y Montoro, circunstancia que le imprime una doble personalidad. Lo que le toca de Cardeña se corresponde con las características físicas, bióticas y socio-económicas de la comarca de Los Pedroches, mientras que el área de Montoro le aporta la idiosincracia propia de la comarca cordobesa del Alto Guadalquivir. En la mitad norte predominan los materiales graníticos. Son las estribaciones últimas del extremo oriental del llamado batolito de Los Pedroches, una gran mole de granito que surgió de las entrañas de la tierra en la Era Primaria y que ocupa practicamente toda la comarca. Su composición otorga al decorado un tono gris azulado que adquiere pinceladas rosadas a costa de la frecuente presencia de sustancias ferruginosas sobre su roquedo. El tiempo y la climatología fueron domesticando la agresividad de este entramado granítico y hoy muestra un perfil de suaves lomas que surgen llanas donde el encinar adehesado encuentra su quintaesencia. Como contrapunto a este frágil rostro de penillanuras, el Parque Natural Sierra de Cardeña y Montoro está enmarcado por los agerridos valles del río Yeguas y del arroyo Arenoso. Aquí se produce una explosión cromática de masa vegetal sobre un decorado de pendientes estridentes, entre caprichosos barrancos, cortados y barranqueras, donde nos sobrecoge algún que otro cañón con sabor a película del

El encinar se presta a varios aprovechamientos forestales: la leña y la alimentación del ganado son las principales. También se aprovechan los pinos aunque resultan menos rentables.

Lejano Oeste. Las copiosas lluvias minan con insistencia su epidermis de granito hasta convertir su prodigada dureza en cristales de cuarzo hechos arena. De ahí las denominaciones de arroyo Arenoso o arroyo Arenosillo. Conforme descendemos hacia el sur aparecen sin prisa pero sin pausa, las señas de identidad del Alto Guadalquivir. Las alturas se remansan desde los 820 y 805 metros del cerro Colmena y del Pingano a los 200 que se registran en el río Yeguas. Ahora mandan las conglomeraciones de cuarcitas y un arsenal de areniscas rojas que al disgregarse tiñen el suelo de color grana y de donde se saca la característica piedra molinaza, materia prima de la arquitectura del lugar. Los valles y las colinas se alternan en este paisaje meridional donde los pinares de repoblación se imponen al hilo de encinares y olivos dispersos.

Este santuario serrano da fe de una floreciente vegetación de cuño mediterráneo capitaneada por la entrañable imagen de la encina. En torno a ella se aunan acebuches, quejigos y alcornoques para reivindicar la verdadera identidad del bosque autóctono junto a densos matorrales de brezo, coscoja, lentisco y madroño. El roble melojo o rebollo es la estrella indiscutible del arsenal vegetal que se da cita en el Parque. Ya se prodiga poco en Andalucía y constituye el único lugar donde ha hecho carrera dentro de la provincia de Córdoba. De hojas afelpadas y profundos lóbulos convive en armonioso compadreo con la encina, ubicándose con preferencia sobre las laderas umbrías, frías y lluviosas, y dejando las solanas, más secas y soledas, a su respetable parienta del genero Quercus. Y como si de un jardín botánico se tratara, salpican este recinto una buena colección de especies que en su mayoría llegaron hasta aquí con la fiebre de la repoblación, muchas veces desafortunada pero santo y seña de un pasado menos ecológico con nuestros bosques. En esta refriega forestal participan muchas coníferas. El pino negral crece animoso en compañía del piñorero o del voluminoso pino de Monterrey, el verde intenso del pino carrasco se codea con el roble albar cuya sombra tanto gusta a los toros o el esbelto pino de Canarias busca la luz a unos pasos del eucalipto. Junto a los cauces flu-

Densos matorrales de brezo, coscoja, lentisco y madroño comparten el hábitat de la encina. Pero también están presentes robles y pinos.

viales la humedad del suelo hace brotar un subclimax de bosques hidrófilos dispuestos en galería donde prosperan la adelfa, el álamo blanco, el álamo negro... Pero también se suman a su curriculum arbóreo el fresno, el ciprés, el enebro... El Parque Natural Sierra de Cardeña y Montoro es portador de una singular meteorología. Se inscribe dentro de los climas denominados secos-subhúmedos, aunque esta etiqueta desentona con las abundantes precipitaciones que padece estoico durante el invierno. En el mismo centro del Parque descansa Venta de Charco, único núcleo de población dentro de sus fronteras, donde el número de litros por metro cuadrado supera con creces la media registrada en toda la provincia. Esta salvedad meteorológica confiere al lugar una especie de microclima.

Muchos animales encuentran aquí su añorado hábitat, aquél en el que pueden conseguir alimento, refugio y la posibilidad de ver crecer a sus vástagos sin demasiados sobresaltos. En torno a sus ríos pululan un sinfín de insectos acuáticos entre los que llaman la atención

En el cauce del río Yeguas, izquierda, pueden encontrarse gambusinas y una especie autóctona la colmilleja. La nutria también frecuenta estas aguas.

efemerópteros, plecópteros y odonatos, auténticos soplones del elevado grado de pureza que conservan estas aguas. Su transparencia da cuartel a la gambusia, el black-bass, la colmilleja o la carpa, mientras que entre la tierra y el agua se debaten la rana común o el sapo partero ibérico. Los reptiles hacen gala de una abultada familia en la que se han censado hasta dieciséis especies diferentes, desde la culebrilla ciega, la víbora hocicuda o eslizón de cinco dedos hasta el galápago leproso o el lagarto ocelado. Sin embargo, las categorías de las aves y los mamíferos que habitan en este entorno privilegiado acaparan la atención de los amantes de la naturaleza. El águila imperial y el águila real, junto con el águila culebrera, el águila perdicera y el azor ponen su elegante rúbrica alada sobre el azul del cielo. De febrero a octubre, las numerosas monterías que se celebran en el Parque tienen bien asistida a su saludable colonia de buitres leonados, que en compañía de otros comensales carroñeros como el buitre negro y el alimoche no dejan ni rastro de las piezas en la serranía. El búho real rompe el silencio de la noche con su característico trino, cuya reiteración más bien parece una queja; la exquista calidad de sus ríos y arroyos hace de la nutria un huésped habitual; la gineta fue introducida en Andalucía por los árabes y hoy campa por sus respetos en este espacio protegido como si fuera su hogar de toda la vida; la musaraña común y la musarañita, dos micromamíferos amparados por la ley, también encuentran en este rincón cordobés el escenario de sus

Pocos lobos quedan ya en Andalucía. Se dice que apenas doce parejas. Están localizadas en estos bosques. También hay aquí algunos linces ibéricos.

correrías. El zorro, el gato montés y el meloncillo representan con todos los honores a los pequeños predadores, pero su categoría queda ensombrecida ante presencia del lobo y el lince ibérico.
El Parque Natural Sierra de Cardeña y Montoro luce en su logotipo la figura inconfundible del lince ibérico, el carnívoro más amenazado de Europa. Este animal escurridizo y misántropo donde los haya se oculta entre matorral espeso y al amanecer o al atardecer sale de su escondite para poner a prueba sus incuestionables dotes para la caza. Su sistema digestivo es tan sibarita que sólo admite conejos en su dieta. Con sus cerradas barbas y sus orejas puntiuagudas al viento se lanza en carrera sobre su presa a setenta u ochenta kilómetros por hora y una vez cerca le da la puntilla de muerte mosdisqueándole en la nuca. En un lugar seguro, devora su botín hasta el final para satisfacer sus perentorias necesidades alimenticias de un conejo al día. El tan acosado lobo ha establecido uno de sus últimos cuarteles generales de la Península entre la Sierra de Cardeña y Montoro y la jienense Sierra de Andújar. Pero no sólo estos dos astros de la depredación han olfateado las aptitudes innatas de este cazadero. La caza profesionalizada está servida en este paraíso cinegético de solera que goza de prestigio desde

El quejigo, dibujo de la izquierda, se mezcla con acebuches, alcornoques y encinas, en lo que fue el bosque original de esta zona. El ganado vacuno que pasta aquí es de las razas charolesa, alpina y retinta.

principios de siglo y donde se ubican los mejores cotos de caza mayor de España. Su opulenta población de ciervos se desperdiga por extensos territorios acotados que también sirven de morada al jabalí. Años atrás se introdujeron de forma artificial gamos y muflones para amenizar las cacerías mayores, mientras que la caza menor tiene como protagonistas a la perdiz, la tórtola, la paloma torcaz, el conejo y la liebre. Se puede decir que este espacio protegido es presa o cazador cazado de una actividad cinegética «industrializada», que a su vez constituye su principal reclamo turístico y una suculenta fuente de ingresos. El Parque Natural Sierra de Cardeña y Montoro tiene un marcado carácter forestal que le aboca a un uso cinegético y ganadero de sus riquezas, con predominio de propiedades privadas en su mayoría cercadas. La acogedora dehesa, en su doble versión agropastoral, acapara el paisaje y los recursos de sus moradores. Se siembra con éxito trigo, cebada y otros cereales de invierno, aunque la oveja monopoliza el decorado ensimismada en sus pastos a la sombra de las encinas. Dentro de las fronteras del Parque se concentra más de la mitad de la cabaña ovina de la provincia cordobesa, que a su vez lleva el estandarte lanar de toda Andalucía. Los toros forman parte de su más íntima tradición y en arte de criar al morlaco aún resuenan en el argot taurino apellidos, denominaciones y toponimias que hacen referenia a su antiguo abolengo torista. Tampoco se quedan atrás sus cundidas piaras de cerdos en la montanera. En estado semi-salvaje engullen bellotas con verdadera pasión y luego dan vida a unos deliciosos jamones ibéricos que maceran al aire fresco de Sierra Morena. Además, en el área sur aún pervive una interesante raza de caballos de carácter bravío.

Quien quiera empaparse de naturaleza en bruto puede recorrer a pie las vías pecuarias que lo surcan, pero también a caballo, en bicicleta o en todoterreno. A menudo, la ruta queda rota porque el viajero topa con cercados ganaderos, cerrados a cal y canto para que las reses no se salgan de sus límites. Si uno osa entrar deberá asegurarse de volver a cerrar la cancela antes de seguir en su bucólico paseo. A poco más de seis kilómetros de Cardeña y atravesando algunas de las mejores dehesas del Parque nos da la bienvenida la Venta del Cerezo, un recoleto poblado pétreo abandonado hace años y en proceso de restauración por los alumnos de la Escuela-Taller El Cerezo. Cuenta con servicio de cabañas y recogida de basuras, donde se puede acampar previo permiso de la Consejería de Medio Ambiente y el Ayuntamiento de Cardeña. El río Yeguas se encuentra a un tiro de piedra por el camino de la Vegueta. El maravilloso valle del arroyo Arenoso se conserva en todo su esplendor y a su regazo acuden la nutria y el lince, pero la calidad y pureza de las aguas del río Yeguas claman al cielo. En invierno hace gala de un temperamento torrencial y cuando el calor aprieta en los largos meses de estío su cauce sobrevive en numerosas pozas a las que la nutria se apega como a un clavo ardiendo. El antiguo puente que lo salvaba junto a la vieja carretera de Marmolejo se ha dejado tapar por las remansada postal de su cauce

Hay varios caminos bien señalizados, por los que recorrer el campo, pero a menudo se ven cortados por las tapias para contener al ganado.

El clima seco subhúmedo de la zona con abundantes lluvias en otoño e invierno hacen que el Parque Natural tenga una abundante vegetación. Las dehesas son un ejemplo de equilibrio entre el hombre y el respeto al medio ambiente.

embalsado. Si partimos de Cardeña en dirección norte, topamos con un puente sobre el arroyo de Rubia Vacas y tras cruzarlo, aparece una cancela. De inmediato surge ante nuestros ojos el vecino arroyo del Zas y entre cancela y cancela, llegamos a la diminuta aldea de Azuel. De Cardeña hacia el sur sale a nuestro encuentro bello el arroyo de la Corcovada y tras degustar el relajo de un verdadero bosque encantado repleto de robles melojos llegamos a Venta del Charco, cuyo elevado índice de pluviosidad trae de cabeza a los meteorólogos.

Con poco más de doscientos habitantes, Venta del Charco se siente el centro neurálgico del Parque Natural Sierra de Cardeña y Montoro. Pero para acceder de lleno a la civilización hay que salirse de sus fronteras y la ocasión la pintan calva. Cardeña, preñada de arquitectura popular de estridente blanco, es acreedora de un lote de premios nacionales de embellecimiento. Sus exquisitas chacinas llevan el inconfundible sello del cerdo ibérico y sus gentes tienen un don especial para preparar la carne que se desprende de las tantas y tantas jornadas de montería. El jamón, el cochifrito, la carne con tomate, el lechón y el venado y el jabalí en salsa brillan con luz propia entre los majares de su mesa. En su rancia tahona se elaboran exquisitos panes como el llamado pan de bazo, muy afamado en toda la provincia. La villa de Montoro agasaja estómagos propios y extraños con migas, tostadas molineras, «papas con coña», ajoblanco, tortillas de faisanes, salmorejo, arroz de zorzeles y chorizo y deliciosas setas. En lo dulce nos cautiva con soplanos de canela, tortas caseras de almendras, empanadas de pavo o inedescriptibles mazapanes. La habilidad artesana de los montoreños queda patente en el cuero, el calzado y la guarnicionería, pero también en la forja del hierro con artísticas lámparas, faroles y muebles de jardín, el labrado de piedra molinaza, la cerámica o el hilado de cáñamo a mano. En la sobremesa nos asaltarán estampas inolvidables del Parque Natural Sierra de Cardeña y Montoro, donde la dehesa se inmortaliza como símbolo de equilibrio entre los recursos naturales existentes y su respetuoso aprovechamiento.

AGRADECIMIENTOS

Agradecemos la colaboración prestada en la realización de esta obra a las siguientes personas y entidades:

Francisco Lebrero Contreras, director-conservador del Parque Natural Bahía de Cádiz.

José Guirado Romero, director del Parque Natural y Reserva Integral de Cabo de Gata-Níjar.

Alberto Ruiz de Larramendi, director del Parque Nacional de Doñana.

Francisco Javier Sánchez Gutiérrez, director del Parque Natural de Los Alcornocales- Sierra del Aljibe.

Lola Toscano, informadora del Parque Natural de Los Alcornocales- Sierra del Aljibe.

Juan Carlos Rubio García, director del Paraje Natural Marismas del Odiel.

Ricardo Salas de la Vega, director del Parque Natural Montes de Málaga.

José Luis Garrido Henares, director del Parque Natural de la Sierra de Andújar.

Alicia Martín, servicio de publicaciones del Parque Natural de la Sierra de Andújar.

Carmen Yagüe, directora en funciones del Parque Natural Sierra de Aracena y Picos de Aroche.

José M.ª Irurita Fernández, director del Parque Natural de la Sierra de Baza.

José Manuel Quero, director del Parque Natural Sierra de Cardeña y Montoro.

ÍNDICE

ANDALUCÍA I

Parque Natural Bahía de Cádiz 8
Parque Natural y Reserva Integral de Cabo de Gata-Nijar 24
Parque Nacional de Doñana 42
Parque Natural Los Alcornocales-Sierra del Aljibe 68
Paraje Natural y Reservas Naturales de las Marismas del Odiel 88
Parque Natural Montes de Málaga 104
Parque Natural Sierra de Andújar 120
Parque Natural Sierra de Aracena y Picos de Aroche 142
Parque Natural Sierra de Baza 164
Parque Natural Sierra de Cardeña y Montoro 180

TÍTULOS DE LA COLECCIÓN
PARAÍSOS DE LA NATURALEZA

GALICIA, ASTURIAS
CANTABRIA, PAÍS VASCO, LA RIOJA, NAVARRA
ARAGÓN, CATALUÑA
ISLAS BALEARES
COMUNIDAD VALENCIANA, MURCIA
CASTILLA Y LEÓN
COMUNIDAD DE MADRID, CASTILLA LA MANCHA, EXTREMADURA
ANDALUCÍA I
ANDALUCÍA II
COMUNIDAD CANARIA

TÍTULOS DE LA COLECCIÓN
PATRIMONIO CULTURAL DE ESPAÑA

CATEDRALES DE ESPAÑA
JARDINES DE ESPAÑA
MONASTERIOS DE ESPAÑA
MURALLAS DE ESPAÑA
PALACIOS Y ALCÁZARES DE ESPAÑA
PLAZAS MAYORES DE ESPAÑA

TÍTULOS DE LA COLECCION
PUEBLOS DE ESPAÑA

GALICIA, ASTURIAS, CANTABRIA
LA RIOJA, PAÍS VASCO, NAVARRA, ARAGÓN
CATALUÑA, ISLAS BALEARES, COMUNIDAD VALENCIANA
CASTILLA Y LEÓN, COMUNIDAD DE MADRID
EXTREMADURA, CASTILLA LA MANCHA, MURCIA
ANDALUCÍA, COMUNIDAD CANARIA

Esta primera edición del volumen
de la colección Paraisos de la Naturaleza
dedicado a Andalucía (I)
estuvo a cargo de Idea Equipo Editorial
y se terminó de imprimir
durante el mes de septiembre de 1998.